英汉对比背景下的
英语教学研究

李海喃 ◎ 著

中国书籍出版社
China Book Press

图书在版编目（CIP）数据

英汉对比背景下的英语教学研究 / 李海喃著. -- 北京：中国书籍出版社, 2023.11

ISBN 978-7-5068-9660-3

Ⅰ.①英… Ⅱ.①李… Ⅲ.①英语—教学研究 Ⅳ.

①H319.3

中国国家版本馆 CIP 数据核字 (2023) 第 230746 号

英汉对比背景下的英语教学研究

李海喃　著

图书策划	成晓春
责任编辑	李国永
封面设计	博健文化
责任印制	孙马飞　马　芝
出版发行	中国书籍出版社
地　　址	北京市丰台区三路居路 97 号（邮编：100073）
电　　话	（010）52257143（总编室）（010）52257140（发行部）
电子邮箱	eo@chinabp.com.cn
经　　销	全国新华书店
印　　刷	天津和萱印刷有限公司
开　　本	710 毫米 × 1000 毫米　1/16
字　　数	188 千字
印　　张	11.75
版　　次	2024 年 5 月第 1 版
印　　次	2024 年 5 月第 1 次印刷
书　　号	ISBN 978-7-5068-9660-3
定　　价	72.00 元

版权所有　翻印必究

前　言

　　语言是一种符号系统，其结构处于不断地生成和演化之中。英语重形合是指英语语言符号之间有较强的逻辑关系，字词及句子的联结主要借助关联词或语言中的形式结构；汉语重意合是指汉语句子主要通过字词的意义联结起来，字词及句子之间的联系主要通过各自内在的意义的连贯和通顺来实现的，而不是通过形式上的手段。由此可见，英语和汉语这两种语言的语言结构存在明显差异。

　　英汉语言在世界上是两种非常典型的语言类型，对英汉语言的研究可以在一定程度上揭示这两种典型语言的相同和不同特征，在理论和实践上进行对比研究，有助于指导英语作为第二语言的教学，对英汉语教学，同时对语言翻译工作也会具有一定的理论和实践参考价值，因此针对英汉语言对比进行分析研究具有较大的理论和现实意义。

　　英汉翻译并非只是语言之间的简单转换，两种语言之间的差异在翻译过程中会对译文产生影响。对英汉语言的对比分析不仅能够帮助英语学习者在错综复杂的语言现象中学会洞察其语言特点和表达规律，并将其作为习得的重点，而且能够帮助他们排除母语的干扰，进而提高学习效率。英语教师在教学过程中应意识到英汉语言文化的差异性，针对学生的认知水平和学习特点，采取具有可行性、实用性、教育性、思想性的英汉语言文化对比方法，帮助学生突破语言交流障碍，培养学生运用英汉双语进行跨文化交际的语言能力。

　　本书共分为五章，是在英汉对比的背景之下，对英语教学展开研究。第一章为英汉文化与英汉思维差异，分别从英汉两种文化的差异、英汉两种文化的对比探索、英汉语言背景下思维方式的差异、英汉文化背景下交往方式的差异、英汉两个民族的思维方式与差异对比五个方面进行探究。第二章为英汉词汇的对比与教学，分别阐述了英汉构词方法同词类标记的对比、英汉词汇词义的对比、英汉词汇特征比较、英汉词语搭配的对比，以及在进行英汉词汇学习时的一些注意点。第三章为英汉句法结构的对比与教学，主要从基本句子、倒装句、存现句三个方面进行对比，以及对高校英语句法教学策略进行阐述。第四章是对英汉语篇进行对比，主要对英汉语篇的词汇、语法的衔接手段进行对比分析，然后对比分析了英汉语篇段落结构，论述了英汉的语篇组织。第五章是对英汉语用进行对比分析。介绍了英汉语用功能的对比，阐述了英汉礼貌用语的对比，论述了英汉语用失误与英语学习。

  在撰写本书的过程中，作者参考了大量的学术文献，得到了许多专家学者的帮助，在此表示真诚感谢。本书写作力求内容系统全面，论述条理清晰、深入浅出，但由于作者水平有限，书中难免有疏漏之处，希望广大同行及时指正。

李海喃

2023 年 5 月

目 录

第一章 英汉文化和英汉思维差异 ... 1
- 第一节 英汉文化的差异 ... 1
- 第二节 英汉文化对比探索 ... 2
- 第三节 英汉语言背景下思维方式差异 ... 14
- 第四节 英汉文化背景下交往方式差异 ... 20
- 第五节 英汉民族思维方式与差异对比 ... 26

第二章 英汉词汇的对比与教学 ... 32
- 第一节 英汉构词方法同词类标记的对比 ... 32
- 第二节 英汉词汇词义的对比 ... 36
- 第三节 英汉词汇特征比较 ... 40
- 第四节 英汉词语搭配的对比 ... 46
- 第五节 英汉词汇学习的注意点 ... 63

第三章 英汉句法结构的对比与教学 ... 70
- 第一节 英汉基本句子结构类型对比 ... 70
- 第二节 英汉倒装句对比 ... 78
- 第三节 英汉存现句对比 ... 90
- 第四节 高校英语句法教学策略 ... 102

第四章　英汉语篇的对比 ··· 105
　　第一节　英汉语篇词汇衔接手段对比 ······················· 105
　　第二节　英汉语篇语法衔接手段对比 ······················· 107
　　第三节　英汉语篇段落结构对比 ······························ 118
　　第四节　英汉语篇组织 ·· 123

第五章　英汉语用对比与教学 ······································ 136
　　第一节　英汉语用功能的对比 ·································· 136
　　第二节　英汉礼貌用语对比 ······································ 154
　　第三节　英汉语用失误与英语学习 ··························· 165

参考文献 ··· 179

第一章 英汉文化和英汉思维差异

本章主要从英语与汉语的文化差异、英汉文化的对比探索、英汉语言背景下思维方式差异、英汉文化背景下交往方式差异、英汉民族思维方式与差异对比五个部分来论述英汉文化和英汉思维的差异。

第一节 英汉文化的差异

文化是在人类发展史中，经过漫长的、复杂的积累过程留存并且传承下来的一种非物质性的、无形的、影响广泛而深远的意识层面的人类遗产。所以，在关于文化定义上，必然受到国家、民族、传统习俗、思维习惯等因素的差异性影响，那么参考标准会有所不同，也就很难有统一的定义。有人认为，"文化是信念、习惯、生活方式和行为的总和"；有人认为，"文化就是社会所做的和所想的"；有人认为，"文化是某一社会群体的生活方式"。从表面上看，各种定义各执一词，内容无所不包，但其本质却是一致的，其不同之处只是根据本学科或本领域的特点和需求从单一的角度做较为细致的分化和具体的解释。

在中国古代古老的甲骨文中就已经出现了"文化"一词，它展示了人类尝试凌驾于自然之上，并超越自然、改造自然的历史进程。所以说，文化可以被看作是人类的一种特有的生活方式和行为习惯。进而也可以说，人类社会的一切活动在本质上都是具有文化的属性的。概括而言，文化就是人类在社会活动中认识自然、改造自然并利用自然进而实现自身价值观念的过程中的一切物质和精神的积累。例如，文学、艺术、教育、科学、生活方式、饮食习惯、建筑工艺、卫生管理、娱乐方式、婚姻形式、亲属关系、家庭财产分配、劳动管理、生产、道德、风俗习惯、宗教、法律、政治、警察、军队、行为举止、交际礼仪、思维方式、审美情趣、价值观念等。而与此相对，狭义文化的范围明显缩小，它专指人类活动中，在精神方面进行的创造过程和产生的相应成果，如道德、风俗和礼仪等内容。

"文化"一词在英语中的对应词是 culture，该词源于拉丁文 cultura，原义指耕作、培育、栽培，之后逐渐演变为人的素质和能力的培养与教化。近代日本人最先将英文单词 culture 翻译为"文化"。故而有人判断，汉语中的"文化"一词其实并非中国古籍中所说的与"武功"相对的含义，而是借用日语中对英文单词 culture 的意译。此种说法至今尚无据可考。《美国传统词典》中对文化的定义为：人类文化是通过社会传导的行为方式、艺术、信仰、风俗以及人类工作和思想的所有其他产物的整体。[①] 这样定义的文化同时包含深层次文化和浅层次文化，深层次文化即政治、艺术、文学等，浅层次文化为行为习惯、传统风俗等。《牛津简明词典》中将文化定义为："艺术或其他人类共同的智慧结晶。"[②] 这样定义的文化主要是深度文化，是从智力角度进行定义的。所以，一定程度上，"文化"一词从英汉两种语言背景中的发展演变中可以找到二者所拥有的共通的东西，都有着品德锻造与能力培养的内涵。

文化的首个定义出现在英国人类学家爱德华·泰勒（Edward Tylor）的著作《原始文化》中，泰勒认为，文化是一个包括艺术、风俗、知识、法律、宗教、神话和人类在社会生活过程中逐渐形成的习惯与能力的复杂综合的集合体。[③] 一些学者质疑他的观点缺乏物质文化的要素，但事实上虽然这个定义并没有明确体现物质文化，但泰勒在书中引用了许多用来阐释物质文化要素的例子。

第二节　英汉文化对比探索

英汉对比文化学是在英汉语言对比研究的基础上发展形成的，它是一个完整独立的学科，英汉文化对比的研究根据研究目的可分为理论研究和应用研究，其中理论研究主要是对英汉文化的各自概念、文化属性、结构特点、系统构造、衍生发展以及英汉语言之间的关系进行探索，应用研究则着眼于外语教学、对外汉

[①] Houghton Mifflin Company.The American Heritage Dictionary[M]. Boston：Dell Publishing, 2012.

[②] Oxford Languages.Concise Oxford English Dictionary[M].Oxford：OUP Oxford Press, 2011.

[③] 泰勒.原始文化：神话、哲学、宗教、语言、艺术和习俗发展之研究[M].连树声，译.桂林：广西师范大学出版社，2005.

语教学以及翻译。对两种文化之间的共性和差异进行研究，有利于发挥文化的理论价值，通过对文化的概念、系统及发展的了解可以进一步研究人类社会的发展规律，而对语言性质、结构及功能的了解有利于对人类思维方式进行针对性改进，促进人类思维发展。英汉语言教学有利于提高人的口头与书面交际能力，促进文化素养水平的提升。

一、理论研究

（一）文化的属性问题

英汉两种文化之间既存在相同之处，即共性特征，也存在明显差异，也就是个性特征。对于英汉文化之间的共性研究应集中于文化的五个特性，即系统性、社会性、民族性、时代性和继承性。对文化的系统性进行研究有利于发现英汉文化的内部结构特点，使二者能够相互取长补短，实现共同发展；对文化的社会性进行研究有利于对文化的本质有更深入的了解；对文化的民族性进行研究有利于促进不同民族之间的交流沟通与相互理解；对文化的时代性进行研究有利于了解英汉文化各自的发展规律；对文化的继承性进行研究有利于促进其在世界范围内传播、交流与发展。共性与个性是不可分割的，二者同时存在于一个统一集合体之中。对文化属性进行研究也离不开对英汉文化之间差异的研究，而英汉文化之间的差异是阻碍跨文化交际的重要因素，因此文化属性研究应重点对其进行研究。基于现代文化学的理论，我们可在以下三个方面对文化差异展开研究。

1. 文化的时空坐标

在现代文化学中，学者们认为世界文化都存在于一个巨大的时空坐标系之中，文化的形成、发展、传播与消亡都在这个时空中进行，每一种文化都在这个时空中占有一席之地。对于各种文化在时空位置上的差异，学者们提出了文化层、文化丛、文化区、文化圈等概念来对其进行描述。文化层的概念偏向于历史文化的研究，我们通过对某一特定历史时期的英汉文化进行对比研究可以了解到英汉文化的发展历程，还可以在相同的历史时期对不同文化展开横向研究；文化丛的概念表示的是各种文化在时空中的独特位置关系，比较同种文化丛之间的差异可以了解到文化整体上的差异。围绕什么产生的文化就叫作什么文化丛，如围绕狗产生的文化就叫狗文化丛，围绕猫产生的文化就叫作猫文化丛，通过对文化丛的了解和比较能够促进各文化相互理解。文化圈和文化区的概念都强调文化在地域上的差异，文化圈比文化区包含的范围更大，文化圈可以包括国家、种族、风俗区域或民族区域，如包括中国、日本、印度和东南亚国家在内的东方文化圈以及包括欧洲和美洲国家在内的西方文化圈。

2. 文化的社会组织

文化的社会性差异一般用家庭、学校、公司或社团、党派、民族、国家等各种社会群体范围内的主流文化、亚文化、文化群和民族文化的差异来表示。不同的主流文化和亚文化之间是可以进行比较研究的，如中美、中英主流文化对比。亚文化指某种文化中较为独特的部分文化，如美国的黑人文化和印第安文化以及中国的少数民族文化。文化群包括行业文化群（工业文化群、农业文化群等）、区域文化群（城市文化群、家庭文化群等）以及群体文化群（作家文化群等），同类的文化群之间可以进行对比研究。民族文化分为物质民族文化和精神民族文化，民族文化之间的差异主要体现在传统文化差异上，如中国注重集体主义精神、英美国家注重个人主义精神等。

3. 文化的群体心理素质

世界各地在社会形态、种族类型、生活方式上存在差异，因此人们的思维方式、价值观念以及情感表达方式也大不相同，人们对于不同文化的接受程度也有差异。在现代文化学中，这些差异被概括为文化模式、文化价值、文化积淀差异等。其中，文化模式指的是某些社会性或民族性的思维定式，这些特定的思维模式是基于人们的文化心理和社会文化概念形成的，如不同文化之中不同颜色代表不同的含义，因此各种场合穿着衣服的颜色有不同讲究，这种现象就是文化模式差异的表现。文化价值指的是人们对其他文化的评价。人的价值取向会受到生活环境差异、文化程度差异以及工作差异的影响，并且人的价值取向一旦形成就很难改变，如中国自古代便有祭拜祖先的传统，然而1704年基督教宣称禁止崇拜祖先，这违背了中国的传统文化价值观念，因此中国开始对基督教进行强烈抵制。文化积淀是一种人们在知识和经验的积累过程中逐渐形成的心理或思维观念，这种观念十分稳定，往往会成为个人或群体的价值取向，甚至还会影响人们的潜意识观念。例如，中国人到了西方国家会十分不适应他们的贴面礼，因为这与中国内敛的心理定势不符，人难以在短时间内接受这种文化差异。

这些基本的文化差异研究理论可以帮助我们更加深刻地把握不同文化之间的差异，并在此基础上对各种文化之间的共性特征进行了解，我们要广泛运用这些理论知识展开英汉文化差异研究。

（二）文化结构问题

文化是主客体在社会实践过程中对立统一、相互作用的产物，其是各种文化要素组成的完整有机结合体。对于文化结构的研究对了解文化的本质与发展规律而言具有重要意义，包括对文化内部结构的研究以及对文化外部结构的研究。文化的内部结构分为四个层次，分别为制度文化层、物质文化层、心态文化层和行为文化层。制度文化层是广义文化的重要组成部分，也是狭义文化生存发展的社会组织环境，其包含人类在社会实践过程中形成的社会组织、社会制度以及社会规范。物质文化层是狭义文化的物质基础，同时也是广义文化的组成部分，其是人与自然直接联系得到的产物，即人在社会实践活动中形成的物质生产方式和物质产品。物质文化层为文化外部结构的社会经济环境，制度文化层为文化外部结构的社会制度环境。

心态文化层是整个文化体系的核心，其包括人类在长期的社会实践活动中形成的思维方式、价值观念及审美情趣等，可以分为社会心理和社会意识形态两个层次。社会心理是没有经过理论与艺术加工升华的原始社会大众心理，包括人们的日常精神面貌与精神状态，而社会意识形态是经过加工处理后的社会意识，能够以物化的形态，如书籍、绘画、乐谱等形式保存下来，对社会存在的反映更加深远。对于文化的研究既要重视系统化的社会意识形态，又要关注社会大众原始的精神面貌，只有这样才能了解到文化的完整内涵和特点。社会意识形态又可分为两种意识形态，一种是低层的意识形态，其产生和发展需要社会经济作为基础，主要包括政治理论和法制观念，是没有脱离社会心理的意识形态；一种是高层的意识形态，其包括哲学、艺术、科学、宗教等，是不受社会经济严重限制的相对独立的意识形态，但是高层的意识形态要与社会存在发生关系就必须经过社会心理和底层社会意识形态。行为文化层是介于精神文化与物质文化之间的一种文化形态，其体现于人在表现风俗习惯时的动作行为上，是以精神文化形式出现的文化行为模式。

文化的外部结构包括三种环境，社会经济环境是文化内部结构中的物质文化层的外部表现，社会制度环境是文化内部结构中的制度文化层的外部表现，这两种社会环境都是广义文化的组成部分，也是狭义文化的基础和前提，是文化内部结构的外部表现。自然环境包括"人化的自然"和"非人化的自然"，其中"人化的自然"指的是被人类改造过后为人类的生产生活提供物质资源、生存环境和空间的部分自然环境，这部分自然系统包括大气圈、水圈、岩石圈以及部分外层空间，在这部分自然环境中，人的主观意识占主导地位；未经人类涉足和改造的自然区域就是"非人化的自然"。

通过上述内容可知，文化的内部结构的核心是心态文化层，文化的外部结构最主要的是社会制度环境，因此，在进行英汉文化结构对比研究的过程中，应重点对这两方面进行研究，这样能够了解到文化结构差异的核心内容。

（三）语言与文化的关系

狭义的文化指在人类的社会生活实践中逐渐形成的社会意识形态以及社会组织特点与社会制度结构，广义的文化是人类在社会生活实践中创造的所有物质财富与精神财富的总和。每个社会都有其独特的文化，文化是在社会历程中发展起来的，与社会特点相适应。从文化的范围来划分，文化又分为生态文化、语言文化、物质文化和社会文化。英语学习是跨语言（cross-linguistic）、跨文化（cross-cultural）、跨社会（cross-social）的交际活动。这不仅仅是不同语言之间的转换过程，而且也是反映不同社会特征的文化转换过程，所以语言可以称为文化的使者，东西方在不同的语言体系、社会发展背景和历史传承中逐渐积淀为两种各具特色的文化体系。

1. 节日文化

随着社会不断向前发展，一个国家或一个民族在漫长的历史过程中形成了很多独具特色、形式多样、内容丰富的节日文化。节日是一个民族精神和情感的重要载体。由于各个国家所处的地理环境、历史演变、文化背景、宗教信仰不同，形成了东西方截然不同的节日文化。

中国的传统节日主要有春节、元宵节、清明节、端午节、七夕节、中秋节、重阳节、腊八节等，英美国家的节日主要有 Valentine's Day（情人节）、April Fool's Day（愚人节）、Easter（复活节）、Mother's Day（母亲节）、Father's Day

（父亲节）、Halloween（万圣节）、Thanksgiving Day（感恩节）、Christmas Day（圣诞节）、Boxing Day（节礼日）等。

中国最重要的春节起源于殷商时期年头岁尾的祭神祭祖活动。正月十五元宵节是汉文帝为纪念"平吕"而设，后汉武帝正月上辛夜在甘泉宫祭祀"太一神"的活动。清明节是古代民间效仿皇室"墓祭"的惯例而发展起来的一个节日，人们在这天祭祀祖先，祭拜亡人，逐渐形成习俗发展至今。端午节是为纪念诗人屈原而设立的。七夕节始于牛郎织女的传说。中秋节始于嫦娥奔月的传说。腊八节来源于古时人们欢庆丰收感谢神灵的祭祀活动。

人们欢度节日都是伴随着庆祝、狂欢，但由于文化差异的影响，人们庆祝的方式则相差很大。中国人过春节要扫尘、祭灶、贴春联、包饺子、守岁、拜大年、接神，等等，这些都是传统的风俗习惯。俗话说"腊月二十四，掸尘扫房子"，新春扫尘有"除陈布新"的含义，意思是要把一切穷运、晦气统统扫出门；祭灶也是重大的仪式，灶王爷管理家中的灶火，是一家的保护神而受到人们的崇拜；除夕晚上人们整夜不睡迎接新年的到来，春节是辞旧迎新的日子；元宵节要吃汤圆、观社火、猜灯谜；端午节要吃粽子、赛龙舟；中秋节全家团圆吃月饼。这些都是中国人欢度节日的传统方式。

西方的圣诞节也是家庭团聚的节日，家家户户都要装扮圣诞树，基督徒要去教堂做盛大的礼拜，孩子们要在平安夜临睡前，在壁炉或枕头旁边放一只袜子，等圣诞老人晚上把礼物放在袜子里。感恩节人们都要品尝火鸡大餐，到教堂感恩祷告祈福。万圣节人们举行化装舞会，吃南瓜派，这一天孩子们最欢乐。复活节期间人们穿新衣，打扫屋子，表示新生活从此开始，彩蛋是复活节的标志，它象征着新生命会降临。

随着跨文化交际的发展，中西方文化得到了很好的交流，人们对节日的热情更加高涨。如今，中国的节日受到世界各国人们的欢迎，每到中国春节，遍布世界各地的华人在各个国家举行隆重盛大的狂欢，当地人也热情高涨，共同加入欢度新年的行列，借此学习中国文化和中国民俗，中国的春节已然成为世界性的重大节日。可见，全球一体化的推进使世界各种文化互相影响、逐渐交融。

2. 礼仪文化

中国文化历经五千年的源远流长而经久不衰，深厚的文明底蕴是整个社会文明发展的基础,中国素来注重礼仪,礼仪文化能够直接反映出一种社会文明的发展水平。伴随着改革开放的不断深入,我国与世界各国的跨文化交际日益频繁,中西方礼仪文化的差异对跨文化交际活动的影响也日渐凸显。

在交际中就会因不同的文化背景、生活方式而产生各种各样的问题,所以研究中西礼仪文化差异对跨文化交际起重要作用。

中国人见面打招呼时大多会问"吃了吗?""上哪去呀?"等等,这体现了人与人之间的一种亲切感,而对西方人来说这些问题都属于个人隐私,英美熟人见面谈论的话题经常是天气的状况"It's a fine day, isn't it?""It's a cold day"。西方人来到中国,如果没有人向他们解释这种文化差异,那么他们不断被询问要去哪里、要干什么时可能会感到十分生气。另外,中国人见面寒暄还会涉及很多其他方面的问题,比如见了老年人通常会询问多大年纪、身体状况,见了年轻人会问在哪里上学、在哪里工作,但是这些在西方文化中都属于个人隐私,在谈话中是要避免谈及的话题。

汉语中的称谓多种多样,在称呼姓名时可以根据不同情况有不同的称呼。比如李小冰这个名字,根据姓名可以称呼为小冰、冰,根据年龄可以称呼为小李、老李、李老,根据性别可称呼为李先生、李女士、李小姐,根据亲属关系可以称呼为李叔、李婶、小冰阿姨、小冰姐姐,还可以根据职称称为李老师、李大夫、李局长,等等。相比汉语来说,英语中的称谓则比较笼统,对姓名的称谓形式是"名"或"Mr. / Mrs. / Miss.+姓",如 Will Smith,可以称为 Will 或 Mr.Smith。西方人称 uncle,可以涵盖我国的叔叔、伯父、舅父、姑父、姨父等。aunt 可以涵盖我国的阿姨、姨母、姑妈、舅妈、婶娘等。另外,汉语中一般能够表示职业、职务、职称等社会地位的象征词都可用于称谓,常见的职业称谓如老师、医生等,职务称谓有局长、经理等,职称称谓如工程师、教授、博士等。在交流中人们很喜欢被称为某某经理、某某教授等,因为这是身份与地位的象征。但在西方,人们却很少用职称称谓称呼别人,如果某人是老师或是医生,是不能称其为某某老师或某某医生的,而应称其为某某先生、某某女士。

在向人表示赞扬和祝贺的时候,中国人总会谦虚一番,因为中国以谦虚为美德。比如在向人赠送礼物时,中国人喜欢说"这是一点小意思,不成敬意"等。西方人向别人赠送礼物时喜欢说"This's my best gift for you. I hope you love it"。

在中国，有人夸赞我们衣服漂亮时，我们心里虽然很高兴，但嘴上还是会客气地说"一般啦，总觉得颜色老气了或款式不大好"之类的话。再比如，有外国朋友夸赞我们的英语说得好"Your English is quite well"，我们通常第一反应回答"No, no, my English is very poor"，外国人听了这样的回答，则容易产生误解，他们会觉得你是在怀疑他们的审美判断有问题。因此，我们在回答西方人的夸赞时，最好的回答是直接道谢或爽快地接受。中国人在家中宴请客人时，主人经常抱歉地对客人说"不好意思，没什么好吃的"。但外国人听了就不理解了，明明是满满一桌丰盛的菜肴，怎么说没什么好吃的呢？

在餐饮氛围方面，中国人在吃饭的时候都喜欢热闹，很多人围在一起吃吃喝喝、说说笑笑，大家在一起营造一种热闹的用餐氛围。酒是中国餐桌上的必备之物，中国人在喝酒的时候都是一杯一杯地喝，餐桌上用言行来劝酒劝食是主人热情好客的象征，通常遵循酒杯不空茶水不满的习俗。而在吃西餐的时候，主人不习惯劝酒劝食，让客人们"help yourself"，所以用西餐时总是伴着昏暗的灯光、舒缓的音乐、安静的氛围。

文化之间的差异是由各民族的历史发展、风俗习惯、意识形态的不同而产生的，在对英汉文化进行对比时不能说谁好谁坏、谁对谁错，文化的形成是客观存在的。文化是一个开放的系统，随着全球化的推进，各国之间的文化交流也日益频繁，不同文化之间会相互影响、互相渗透，所以文化传统也必然会随之而发生一定的变化。当前，对英汉文化差异的研究已成为一个热门的学科，只有首先了解不同地域、不同民族的文化背景知识以及社会风俗习惯，才能更好地促进文化之间的交流。

二、应用研究

（一）研究的重点

文化可分为知识文化和交际文化，交际文化包括言语交际文化和非言语交际文化，这种划分方式符合语言教学的需求，同时对于各种概念的划分也大致明晰，其中有两个问题需要加以解释。

（1）知识文化和交际文化是一对兼容性的概念，两者并非相互排斥，因此，对于知识文化和交际文化的划分显得有些不符合逻辑。交际活动分为语言交际和书面交际，也分为专业交际活动和普通交际活动，知识也是交际文化的一部分。在日常生活中，对日常交际有较大影响的文化因素大部分都存在于普通交际的词语、表达方式中，而在专业交际的词语、表达方式中却很少出现。所以，我们可以将文化分为专业文化和普通文化，这两种文化都会在交际活动中发挥作用。专业文化应该包括专业课教材、专业课讲授、各种专业书籍和学术交流，而普通文化应该包括基础课教材、基础课教学和日常生活中的交际。当然也有例外情况，专业与普通的界限也很难分得很清楚。

（2）普通文化还可以划分为言语交际文化和非言语交际文化，这里没有用"语言交际"是因为在交际活动中，人们是用"言语"进行交流而不是用"语言"，"语言"是一个抽象的概念，"言语"只是"语言"众多表现形式中的一种。

应用文化研究要体现阶段性，在外语教学、对外汉语教学以及英汉翻译等语言教学中，首先要培养的是交际能力，但无论是口头交际还是书面交际都需要先打好基础，也就是先从普通文化学起。当今的语言教学工作者应该认识到将普通文化作为文化教学与研究重点内容的重要性和科学性，要认识到牢固的基础是后续学习专业文化的保障。

（二）研究的途径

明确了教学和研究的重点，开展教学和研究的途径也就显而易见了。英语和汉语的普通文化因素大都出现在日常交际用语、常用句式和常用语用系统中，对于文化的教学和研究要关注以下四个系统中的普通文化因素。

1. 词汇—语义系统

对词汇—语义系统的研究应关注以下几方面。

（1）词的对应关系。英语与汉语之间词的对应关系主要有三种，第一种为相互无对应词的情况。这类在对方文化中没有对应词的词语一般都具有很强的文化特色，如西方主要信仰基督教，因此他们有"上帝"，而中国根据古代神话传说将上天称为"老天爷"；又如中国文化中的五行八卦，西方文化中根本没有与之对应或类似的事物，因此英语中也不存在与之对应的词。第二种是对应词词义大小不等的情况。这种词义范围上的差异体现了文化因素的不同，如英语中的"fall"的词义范围显然大于汉语的"秋天"，"fall"还有"落下""瀑布""降低""采伐量""倒下""来临""失守""阵亡"等意思；另外汉语中的"打"的语义范围也远远大于英语中的"hit",其除了"击打"的意思,还有"做、造"(打首饰、打家具)、"拨动"(打算盘)、"揭、破、凿开"(打破、打井)、"举、提起"(打灯笼、打起精神)、"涂抹、印、画"(打蜡、打戳子)、"获取、购取"(打水、打鱼)、量词(一打)等义项。第三种是对应词之间词义表面相等但实际不等的情况。这种词反映政治和文化上的差异,一般出现在与人文科学或社会科学相关的交际中,如"politics 政治""materialism 唯物主义""liberalism 自由主义"等。

(2)词义的类型。英语和汉语之间词义完全相同的词语并不多,即使有的词表面上语义相同,但在褒贬色彩、引申意义、隐含意义、搭配意义等方面也可能存在差异甚至完全相反,这种差异同样也是文化因素的不同导致的。

例如,英语中的"peasant"与汉语中的"农民"语义相同,但是在英语中这个词带有浓厚的贬义色彩,其特指"昔日或贫穷国家的小农、佃农""土包子""没教养的人";又如汉语中的"龙"是中华民族的象征,是存在于神话传说中的一种神秘、强大、神圣的形象,但在英语中,"dragon"一词象征着残暴、恐惧、脾气暴躁,二者在语义上相同,但是在比喻意义和引申意义上完全相反;对于某些表示颜色的词,如英语中的"blue"与汉语的"蓝色"相对应,但在英语中,"blue"还用以指"黄色的""下流的",如"a blue film"指"黄色电影","to make a blue joke"指"开一个下流的玩笑"。

2. 词组—成语系统

词组—成语系统主要包括英汉语之中的日常用语、俗语、谚语、典故等,其中蕴含着丰富的文化因素,因此在语言教学与研究中应将其列为重点。例如,英语中的"Kings have long arms"在汉语中对应的就是"普天之下,莫非王土",又如"Many hands make light work"在汉语中对应"众人拾柴火焰高",还有"False friends are worse than bitter enemies"翻译为中文是"明枪易躲,暗箭难防"。另外还有一些英语俗语,如果将其直译为汉语就显得毫无逻辑、没有实际意义,例如,"Let sleeping dogs lie",直译为汉语就是"让睡着的狗躺着",但其实际意义为"别惹麻烦",又如"Like tree, like fruit",直译为汉语就是"喜欢树,喜欢果实",但其引申义为"羊毛出在羊身上"。这些词组反映了中西文化的思维方式、认知方式、文化底蕴上的不同之处,这类词体现了许多文化因素差异,也是教学中的难点,语言教育工作者应当关注这部分词语的教学。

3. 句法—篇章系统

这个系统体现着不同文化之间表达方式、思维方式之间的差异，对于这个系统的研究目前还不够完善，语言教育工作者应该加强对句法—篇章系统的研究，主要应从以下三方面进行。

（1）语法范畴。语法包括名词的性、数、格和有定性，代词的性、数、格、人称，动词的时、体、语态、语气和形容词、副词的级等。英汉语的形态变化方式和语法表达方式完全不同，如英语中的语法意义用形态变化来表达，汉语中则利用词汇增减来表达。

（2）句子的组合方式。英汉语在这一点上的不同之处在于英语注重主语与谓语的基本结构，且主语与谓语必须完全一致，而汉语则多为无主句，不强制规定句中主语和谓语的一致性；在英语中，基本句的句首封闭，句尾开放，具有较强的后修饰作用，而在汉语中，基本句的开头是开放的，句尾是封闭的，具有较强的前修饰作用；英语句子以关联词语为主要组合手段，其结构形式严谨而明确，汉语句子连接以语义结构为主要手段，其结构形式具有一定的灵活性和隐蔽性；英语中的主从句连接主要是形合，通常是先主后从，而汉语中的主从句主要依靠意义结合，通常是先偏后正；英语的句子一般有形式标记，不会造成语法上的歧义，而汉语的句子要素则要根据语序、句法的意义来判断，因此很容易造成语法上的歧义。这种差别的产生源于英、汉两种文化背景下人们思维方式的不同：英国人注重思想的个性，其思想方法为分析型，注重理性和形式化的证明，但忽视了主体性和对立统一；汉族文化注重思维的整体性和综合性，注重直观的思想流动，注重主体意识和对立平衡。

（3）语篇的结构方式。根据篇章语言学的知识，在进行语篇结构方式的研究时主要从两方面展开，一是篇章语句之间在语言形式上的连接（cohesion），二是篇章语句所表达的概念或各命题之间的语义逻辑连贯性（coherence）。其中篇章语句之间的连接方式包括两种，一是信息结构、对偶、排比、主述位结构等句式的结构连接，二是包括词汇、替代、连接、照应、省略等方式在内的的语义连接；篇章命题之间的连贯方式也包括两种，一是作为篇章"控制中心"的基本概念，二是表示特征、形态、关系、施事、原因、结果、受事、工具、属性、时空等的次要概念。这两种结构手段是英汉民族思维方式差异的表现，二者在英汉语中的应用具有很大差异，其中连接方式是连贯方式的表层表现，连贯方式是连接方式所要表达的内容，对于二者在英汉语中的各自实际应用，本书由于篇幅限制不再赘述。

4. 语用—交际系统

何自然在《语用学概论》中从社会交际（问候、告别、恭维、称赞、邀请、感谢、道歉等）与人称关系（亲属间的称谓、非亲属间的称谓、敬语、谦语、禁忌等）两个方面对英汉语文化差异进行了对比研究，从而揭示出语言交际中存在的文化因素差异。我们应该在语用—交际系统研究领域进一步深入，将英汉语中的各种对话原则以及准则、次准则一一进行比较，寻找其中蕴含的文化因素的共同点和不同点。

5. 非言语系统

非言语系统即身势语系统，其包括表情、目光、姿势、动作、衣着、饰物、器具、静默、空间距离等文化因素，这些文化因素在英汉语中具有明显的差异。对这些文化因素在不同语言中的表现方式进行研究有利于对不同语言之间的文化差异进行深入了解，能够促进不同民族之间的文化和语言交流。

（三）研究方法

文化比较可以从历时性和共时性两个角度进行。从文化比较的角度来看，历时法和共时法都很重要，但是从教学角度来看，共时法研究更具现实意义。当然，在实际的研究过程中应将二者有机地结合起来。在教学的各个阶段，可以有不同的侧重点。在基础阶段，主要是进行共时研究，在高级阶段，可以开设文化史、文学史、语言学史等课程，强调历时研究。在此，我们要谈到的另一个问题是，对比研究是先把两种语言每个系统的每个方面都进行正确、全面、系统的描述，然后再逐条进行比较，还是从点到面，逐步进入全面系统的研究？前者表面上是一种严谨的、科学的方法，但实际上是脱离了科学发展的实际情况的，从古至今世界范围内恐怕都不可能成功用这种方法进行文化比较研究。无论是比较语言学还是比较文化学的发展过程，都与科学发展由点到面、由浅到深的过程相同。如果要做到英汉语都有一个准确、全面、系统的表述（现在尚未完成，何时可以完成还尚不明确），要在此基础上才能展开对二者的比较研究，那真不知道要等到何时了。显然，这种方法不利于科学的进步，会妨碍文化对比研究工作的开展。

第三节 英汉语言背景下思维方式差异

一、语言与思维的发展关系

　　语言是人类交流的重要工具之一。在某种意义上，人类可以以多种不同的表现方式来进行交往与交流，也可以借此将社会发展的成果加以保存与传播。在各个国家与民族中，语言也是一种极为重要的特性。它与一个国家的形成和发展有着密切的关系。语言蕴涵着丰厚的历史、文化和人生百态。应当说，自人类诞生之日起，语言便被深深地打上了本民族的烙印，它的历史与人类思想的发展是同步的，二者始终相互促进、动态协调。

　　语言如同一部记录了一个民族的历史、文化、心理等各个层面的纪录片，同时也从各个层面与人们的思维方式相互交织，将一个民族的生活构成了一张错综复杂的网络。一个民族的世界观和人生观是由一个民族的思维方式所决定的，不同民族的思维方式又要用语言才能进行表达和传递，因此语言决定着思维方式的发展，而同时各民族的思维方式反过来又影响各民族的语言表达方式。

　　某种事物并不是一开始就有某种称呼，只是出于人们的习惯或某种巧合而被赋予某种称呼，久而久之，这个称呼就约定俗成地成了这个事物的名称。总之，人的思考能力必须达到一定的程度，才能成为一种语言产生、发展的条件。只有当人类的思维能力发展到一定程度时，才能对客观世界的事物以及群体和个人的经历进行想象、记忆、判断、推理及概括等。语言与人的思考能力密切相关。无论是语言还是思维方式，都是随着历史而变化的动态概念。

　　语言与思维之间存在着一种十分复杂的关系，其中有许多问题也是人们争论的焦点。对于语言和思维之间的相互制约关系以及二者的形成先后顺序问题也是众说纷纭，莫衷一是。但是，语言与思想的相互影响与制约这一点是无法否认的。没有了语言，思想就不存在，没有了思想，语言也是不能单独存在的。知识是一切思考的基础，没有知识就不能思考；相反，如果没有思想，知识就是空无一物、死气沉沉的。语言是知识的一部分，因此其与思维的关系同样如此。

　　语言既是交际的工具，也是进行思维活动的工具。人与人之间的交流需要语言，人们借助语言了解他人的想法并发表自己的见解，在展开思维活动时，特别是在进行抽象思维活动时，在沉心思考和思想形成的过程中离不开语言，思维活动脱离了语言是无法进行的，思维活动的结果需要用语言来表达，思维过程在脑海中也是以语言的形式存在的，离开了语言，思维活动根本无法进行。

语言与思维相互依存、相互促进，这一客观事实是不容置疑的。人的思想活动离不开语言，而思想活动的结果又离不开语言的表达。思想与语言是一个密不可分的有机整体，它们联系紧密，相互依存。首先，只有在语言的帮助下，人们的思想活动和思想成果才能被表达出来，否则所谓的思维活动就只是空想；其次，语言是一种思维的工具，只有当人有了思维活动并把它应用于思维的过程中，它才能真正发挥作用。没有思考，就没有交流，也就没有思考的必要，语言这个表达工具也就没有存在的必要。所以，语言与思维相互依存、相辅相成，彼此互为补充。人的思想是以语言为依据的，人的思想活动在任何地方都会产生语言活动，语言的价值只能在人的思想中得到体现。

在此过程中，语言与思想的发展也呈现出动态的适应性。思维发展的层次越高，语言发展的层次就越高。试着想像一下，有一个人的语言能力很强，但他的思想能力很弱，或者一个人的思维水平很高，但是他的语言水平很差，这两种情况显然都是矛盾的，语言与思维方式是相互促进、动态发展的。任何一种现存的语言都一定同时满足某个群体的生活需求和思维需求，无论这种语言是简单还是复杂，其都体现着语言与思维的相互关系。人的语言是社会发展的结果，它是人的一种思维表达形式，符合时代的思想。

二、英汉思维方式差异性

英汉两种语言背景下的不同民族，由于各自所处的社会客观条件和群体经验的差异，他们对世界问题的看法、思维方式和发展状态也不尽相同。英汉两种思维方式的差异，不仅对他们的社会经验、生活经验产生了影响，而且对他们的语言发展也产生了一定的影响。也就是说，在英汉两种文化背景下的人即使是在同一个环境中面对同一个问题，也会因为思维模式的不同而产生不同的观点，从而导致两种文化背景下的人在表达方式上也存在较大差异。例如，在语言翻译过程中经常会出现翻译不对等现象，这就是不同文化背景下人们思维方式的差异导致语言表达方式不同的表现。语言和思维方式之间是相互影响的，不同语言体系的发展会让人们产生不同的思维方式，在英汉文化背景的差异下形成的思维方式也是存在差异的。下面将对此进行详细介绍。

（一）抽象思维与形象思维之分析

英语是一种拼音文字，英语使用者的抽象逻辑思维很大程度上是在母语的影响下形成的，而汉语是一种象形文字，中国人的形象思维也是基于汉语的影响逐渐形成的。

我们可以通过泰戈尔在其经典作品《新月》中的诗句来理解。

Your tender softness bloomed in my youthful limbs, like a glow in the sky before the sunrise. Heaven's first darling, twin-born with the morning light, you have floated down the stream of the world's life, and at last you have stranded on my heart.

这句诗的中文翻译如下。

你的温柔绽放在我年轻的四肢上，就像日出前天空中的一道曙光。上天的第一宠儿与晨曦一同降临，你沿着世界生命的溪流而下，终于停泊在我的心头。

通过对泰戈尔的这句诗的理解我们可以发现，英语诗歌中的比喻是抽象的，尽管主体与喻体可能并不相似，但主体和喻体所表现的事物都给人以美的感受，将两种美抽象地结合在一起用来表达同一种感情，能够使情感的表达更加充沛丰满。

英文诗歌通常较为频繁地运用抽象意象和抽象思维表达方式，因此在进行理解时需要加以推理才能真正理解其中的深层含义。英语母语者通常具有抽象逻辑思维，在表达一些具体的事物或较为复杂的理性感情时，他们习惯使用概念、判断、推理等思维方式以及较为抽象的词汇来进行表述，他们用大量的抽象概念来表明事物的深层含义或发展规律，然后用富有逻辑性的语言来表达感情与思想。

然而在汉语中对于比喻方法的运用与上文具有很多不同之处，在汉语中人们通常不会把人比作气象或天象之类的意象，因为汉语母语者通常形象思维更加发达，在诗歌或文章中对于比喻的运用更加形象，通常不使用十分复杂抽象的词汇或表达方式进行叙述。

例如，"手如柔荑，肤如凝脂""翩若惊鸿，婉若游龙""南国有佳人，容华若桃李"这几句古诗中都对人物特征进行了描写，寥寥几字就生动形象地将所要表达的内容展现出来，用词虽然精简但十分贴合所要描写的内容，比喻的主体和喻体之间在外部表现或形态上均存在相似之处，例如，上述诗句中将柔软细腻的皮肤比作凝脂，将佳人翩翩起舞的姿态比作惊鸿，将美丽的面庞比作桃李之花，这些诗句都用一些具体存在的、与现实生活十分贴近的实物名词来将各种复杂的情感和抽象的内容生动地表述出来，让人对诗歌所要表达的内容一目了然。

通过对英语母语者的抽象思维与汉语母语者的形象思维进行的对比研究可知，二者的差异对英汉语的表达方式造成了很大影响，英语民族受到长期以来的西方文化和英语本身的抽象表达方式的影响而形成抽象逻辑思维，汉语民族在中华文化传统的影响下更加注重形象思维，在语言表达中习惯用实际的经验、直接的感官体验、具体的意象以及自身的感性来表述，因而形象思维更加发达。

（二）形式逻辑与直觉概括之分析

以希拉里演讲时所说的一句话为例子进行分析。

We all want a health care system that is universal, high quality and affordable, so that parents don't have to choose between care for themselves or their children or be stuck in dead-end jobs simply to keep their insurance.

以上段落对应的译文如下。

我们都想要可负担得起的高质量的全民医疗保障体系，以便父母不必陷入是给自己买保险还是给孩子买保险的两难选择，不必为了维持他们的保险而陷入没完没了的多份工作之中。

以上这段话中用"so that"作为连接上下句的枢纽，前句是愿景和希望，后句是目的和结果，前后句之间有着良好的逻辑关系，句子的句式结构十分完整，具有严密的逻辑和清晰的条理，在结构上遵循从主要到次要的顺序，之间用各种连接手段和连贯手段将前后结构连接起来，使句子成分十分严谨完整，构成结构复杂的句式。

与英语民族的这种形式逻辑相比，汉语民族更注重概括思维。英语民族的理性思维较为发达，在对事物进行描述时常用具有严密逻辑性和科学性的综合性思维进行逻辑分析，而汉语民族的直觉思维较为发达，在对事物进行描述时习惯用辩证的思维进行情感性、直观性的分析，相比来说不会特别注重形式逻辑。

英语民族的综合性思维与汉语民族的分析性思维之间的差异还表现在二者的构思方式和语言组织方式上。综合性思维强调理性和形合，分析性思维强调悟性和意合。悟性意合指的是靠感悟来把握事物本质，构思方式和语言组织注重言简意赅、模糊隐约、凌虚传神，在对事物进行描述时习惯先将事物进行分解描述，再通过自身感悟将其组合为整体的概念。与英语民族相比，汉语民族在运用分析思维和直觉概括方面能力更强。

汉语虽然不像英语那样十分重视形式逻辑，但是也强调句子表达思想的完整性。汉语句子通常不像英语句子那样结构十分完整，汉语句子中有时会缺少主语、宾语等句子成分，有时会重复使用某个成分，虽然句子结构没有那么严谨，但语法和主题思想的表达不会受到影响。

（三）个体观念与整体观念之分析

英语民族与其他民族相比流动性更强，人们的生活地域十分不稳定，因而英美文化具有明显的斗争性和动态性，这也让人们的家庭观念十分薄弱。受到自然环境和社会环境的影响，英语民族重视个人主义，在思考问题时习惯从个人、从眼前出发，强调以自我为中心，注重独立自由的人格、时间和空间，在语言的使用上也有同样的表现。在现实生活中，尤其是在美国，很多公司与品牌都是以创始人的名字命名的，在表述个人住址时也是由小到大，从门牌号开始，再到街道、区域、市州及国家，人们很少对某一事件的发生时间、地点产生其他的意义联想。在英语民族的日常生活表述中还有很多例子，这里不再一一列举。

英语民族更加注重个人主义，而汉语民族强调集体主义，这是英汉语民族不同的文化背景以及伦理观念的差异造成的，英汉语民族对于个体与集体的看法具有不同的尺度和关注点。

在汉语环境下，人们对事件或人物展开了解时会由整体到局部，如在新闻播报时会先播报国际新闻，再到国内新闻，最后到基层新闻。人们在了解一个人时也会对其家庭背景和社会关系进行了解。汉语民族的流动性不强，人们长期生活居住在同一个地方，注重集体生活，社会以家庭为单位，因而形成了具有稳定性和整体性的文化。"仁"和"孝"的传统思想深入人心，古语有"百善孝为先""以孝平天下",而对孝道的格外重视,也使得汉语民族格外重视家族观念,对个人自由和发展没有加以重视。由此可见,汉语民族的集体主义是在长期的历史发展中形成的文化传统,这种观念已经深深烙刻在中华传统文化之中了。

(四)客体意识与主体意识之分析

英语民族对事件进行分析时常常以客观的角度对其进行理性冷静的剖析和描述,习惯于将主体与客体分开讨论,将被分析的事物作为主体,将自身视为客体,从客观的角度看问题。这与汉语民族的语篇、主体、重点的表述上存在很大差异。

比如,英语国家的人,在接电话时说"是我",会用"it's me"来表达。询问别人近况时,常用"Is everything OK with you?""what is up?"等。不直接问个人情况如何,而是问对方周围的事是否进展顺利,有没有什么意外的事发生。

再如描述"当我看到这个乞丐倒毙街头时,怜悯之心油然而生",英语用"Compassion rose up in my heart when I saw the beggar drop dead in the street",句子中并没有都用我作主语,而是把看到事情的结果和对人物的同情作为主语再来叙述原因。

总之,在英语中,人们在日常用语和文章表述上更加重视客体性特征,英语民族也更加重视客体思维,习惯用客观的角度看主体。英语民族的客体思维与其理性思维有很大关系,理性思维强调科学性和严谨性,注重形式的完整性和论述的条理性。英语民族主张在论述问题时要将主体与客体分开,要站在客体的位置并与主体保持一定距离,只有保证物我之间完全剥离才能最为冷静地对主体进行剖析。英语民族的这一特点推动了其自然科学文化的发展,形成了理性的西方哲学传统。这是由于英语民族主张通过人的能力和智慧来对客观的自然环境和社会环境进行控制和改造,英语民族的客体思维就是在长期以来对客体性特征的重视下形成的。在英语中,人们经常将非生物名词作为一句话的主语,习惯用第三人称和被动句来描述事物和阐明观点,强调客观事实和客观自然发展规律,主张多角度地观察主体事物并进行客观理性的表述。

汉语民族更注重主体思维,在语言表述中通常以人为主体,讲究天人合一、人法自然,对于世间万事万物都以主体的角度进行观察,强调"万物皆备于我",具有很强的主体参与意识。

以席慕容的诗歌《一棵开花的树》为例分析理解。

如何让你遇见我？在我最美丽的时刻。为这，我已在佛前求了五百年，求佛让我们结一段尘缘，佛于是把我化做一棵树，长在你必经的路旁。阳光下，慎重地开满了花，朵朵都是我前世的盼望。当你走近，请你细听，那颤抖的叶，是我等待的热情，而当你终于无视地走过，在你身后落了一地的。朋友啊！那不是花瓣，那是我凋零的心。

这首诗中没有出现具体的人名，用一个"你"字代指"我"的心爱之人，基本上每一句诗的主语都是人，即使有的短句没有明确写明主语，但是根据语境和上下文也可以确定主语是人物。这首诗的每一句写的都是人物的行为，诗歌所要表达的感情也都在诗中以"我"主观的感受直接抒发出来了，这体现了汉语民族的主体思维，在表述时从个人的主观感受出发，更注重主体的特征。

汉语民族更注重主体思维，强调表述个人的主观感受和思想，追求物我和谐统一。与英语民族主张人类改变和控制外部环境不同，汉语民族主张改变自己，努力使自己融入自然和外部环境，通过改变自身来实现人与自然的和谐融洽。汉语中的语言表述通常以人物为主语，常用主动语态，在描述事件时通常使用第一人称，这与汉语民族的主体思维是分不开的。

第四节　英汉文化背景下交往方式差异

语用学最初是由美国学者查尔斯·莫里斯（Charles Morris）在符号学中单独分离出来用来研究符号来源、用法以及功能的一个学科，通常研究的是伴随符号出现的各种行为活动。20世纪50年代，英国哲学家奥斯汀以及美国的哲学家赛尔和格莱斯促进了语用学在哲学方面的发展，到了20世纪70年代，语用学的应用已经十分广泛，并且研究的对象已经变成交际行为中的语言。本节要介绍的是格莱斯（Grice）提出的会话合作原则（cooperative principle）和杰弗里利奇（Geoffrey Leech）提出的"礼貌原则"以及英汉语民族之间两种原则的差异。

一、英汉会话的"合作原则"的差异对比

会话含义指的是会话人在违背"合作原则"时所产生的话语隐含意义。格莱

斯提出了"合作原则",他认为,在交流中,交流双方都要遵守某些原则,以保证会话双方能够更好地交流,提高交际活动的效率。其中,合作原则包括数量准则、质量准则、关系准则和方式准则四方面内容。格莱斯等人提出的会话含义理论与乔姆斯基等人对语言系统的研究不同,他们把对话隐含的意义与特定的语境联系在一起,以求更好地理解会话用语。可以说,这在语言学研究领域中是一个巨大的进步。然而,格莱斯所述的合作原则及其所包含的若干种次原则在各民族交际过程中的具体表现很大程度上是由各民族不同的社会背景、不同的文化理念、不同的价值取向、不同的思维方式以及不同的语言等因素所决定的,因此,在长期的交流中,各民族逐渐形成了具有本民族特点的交往原则。下面就针对英汉语民族之间的"合作原则"差异展开论述。

(一)数量准则(quantity maxim)

数量准则是对会话双方的说话内容的详尽程度和其中所隐含的信息量提出的准则。另外还有两条次准则,一是要求说话者所说的内容应包括交谈所需的信息,二是说话内容不应超出会话所需的信息量。众所周知,英汉语两种语言之间存在着明显的区别。中华文化属于"高语境文化",其更注重语言和语境的相关性,注重"意会",而西方文化则是一种"低语境文化"。高语境文化是人们在长期固定的交际环境中形成的。例如,在中国、非洲、拉美等地区生活的人们,他们生活的地理区域是非常固定的,社会生活也随着社会的发展在逐渐变化,但是这种变化的速度是缓慢的,而且幅度也很小。在这种文化下生活的人们,彼此间的交往是长期而稳定的,因此他们对生活环境有着相同的理解方式,这种相同的理解方式让他们形成了彼此认同的交际行为模式。也就是说,交际双方在进行信息交流时对语言本身的依赖程度很小,他们不必清晰地表达具体信息就能领会彼此的意思。高语境文化受传统和历史的影响较大,因此一旦形成就具有很强的稳定性,较少会因为时间推进而发生变化。在高语境文化中的人们彼此进行交流时,不必把交流信息完全用言语表达出来,有时可以利用表情、动作、眼神甚至沉默的形式来传递信息,双方通过交流环境可以获得大量的信息内容。与高语境文化不同,低语境文化的形成是比较孤立的。例如,在美国、英国、德国等地区,人们居住的地理区域比较分散,不同地域的社会变革让他们对社会生活有着不同的体验,由于在生活经历上的差异,他们彼此间的交际是比较独立的,较少会受到交际环境的影响，也就是说交际环境本身和交流双方自身所具有的信息量比较少。在这种语境文化的差异下，西方人的喋喋不休和直言直语会让一向注重内敛和迂回的中国人感到不舒服。

（二）质量准则（quality maxim）

这条准则是对会话双方的语言真实性提出的准则，即要求说真实的话、说有根据的话。这一准则在很多情况下是不适用的。中国是一个注重礼节的国家，素来被称为"礼仪之邦"，在汉语交际环境中，人们往往会出于礼节而说话迂回模糊、言不由衷。英语国家通常直来直去，说话不喜欢拐弯抹角，因此在某些情况下西方人对于中国人的话语会非常不理解。用中西方关于请客吃饭的例子来说明，中国人由于内敛和迂回常常不会立刻答应，这会让西方人感到困惑，不理解对方到底是来还是不来。同时西方人在邀请时的表达方式经常让中国人觉得没有诚意，而西方人又对中国人出于礼貌的客气用语感到不解，双方都不理解对方的话语就会产生误会。这种现象是表达方式受到社会期望影响所造成的，中国人所主张的"礼多人不怪"在西方人眼中可能就是"虚伪"，为了避免这种误解现象的发生，会话双方要提前对对方的文化背景进行了解，在会话过程中注意对方的交际特点和文化禁忌。在外语教学中，教育工作者要注重培养学生的跨文化交际能力，要培养学生的西方思维，在跨文化交际中学会站在西方文化视角看问题，学会用西方的交际方式展开交际活动，提高交际活动的效率和质量。

（三）关系准则（relation maxim）

这条准则要求会话双方的说话内容要与会话主题相关，要切合主要谈话内容。中西方在这条准则上也存在明显差异。西方人讲究直来直去，往往会在会话的一开始就直接切入主题，这往往会让注重察言观色、心领神会的中国人感到措手不及，中国人在讲话或写作时经常要在开头进行大量铺垫后才切入主题，通过与美国人写的文章进行比较就能看出，美国人往往直入主题，在开篇就点明主要内容，而中国人写的文章中，重要的内容往往位于大量的铺垫和介绍之后。这种交际上的差异往往会让西方人对中国人的处事风格和表达方式产生质疑，他们会觉得中国人处事犹豫不决，事实上这种文化误解是由于英汉语民族之间文化背景的差异

（四）方式准则（manner maxim）

这条准则要求的是会话双方要保证会话用语的简洁明了、含义明确、条理清晰和易于理解。在跨文化交际中往往是中国人更加重视方式原则，英语中经常故意违反这条准则而表达独特的会话含义。例如：

A：What did your sister buy today?

B：She bought a pink dress, she bought a blue dress and she bought a black dress.

这里 B 故意违反方式准则不断地重复同一个句型来表达他的姐姐在今天买了很多裙子。

二、"礼貌原则"的文化对比

礼貌指的是社会成员在社会生活中为了达到某一目的而约定俗成的行为规范。在跨文化交际过程中关于礼貌的研究有很多，研究成果也十分丰硕。20 世纪 80 年代，英国语言学家杰弗里利奇在格莱斯会话含义理论的基础上提出了礼貌原则。这项原则表明了人们在交际活动中不遵守合作原则甚至故意违反合作原则的原因，即人们通过在某些方面的退让获取对方的信任和好感从而实现交际活动的顺利完成，以获得更高的收益。礼貌原则是基于修辞学及语体学等学科专业知识，围绕宽宏准则、谦虚准则、同情准则、赞扬准则、赞同准则和策略准则等方面提出的。

（1）宽宏准则，又叫做慷慨准则（generosity maxim），这条准则是通过提高自身的损失和对方的利益来使对方获取更多好处，尽量多多夸赞对方，避免贬低、嘲讽对方。这条准则通常用于命令和应允。

（2）谦虚准则（modesty maxim），即要在交际过程中保持谦逊的态度，减少对自身的夸赞。

（3）同情准则（sympathy maxim），即要尽量多同情对方，减少对别人的厌恶。

（4）赞扬准则（approbation maxim），即尽量多夸赞对方。

（5）赞同准则（agreement maxim），就是要尽量多赞同他人观点，避免反驳他人的观点。

（6）策略准则，也叫做得体原则（tact maxim），即通过采取各种策略来使对方减少损失，提高收益。

这几条准则解释了在交际过程中人们会违反合作原则的原因，在实际的交际活动中，礼貌原则包括积极礼貌和消极礼貌，积极礼貌指表情性和承诺性言语行为，消极礼貌指指示性言语行为。在跨文化交际过程中，英汉语民族的礼貌原则也有显著的差异，在礼貌原则的内容、运用以及礼貌用语等方面都有不同之处，接下来从指示性的施为性言语行为、承诺性的施为性言语行为、表情性施为性言语行为三个方面对英汉语民族的礼貌原则进行比较。

（1）指示性的施为性言语行为：一般为祈使句，是表示请求、建议、命令、指示、警告等的言语，使对方去完成某事，例如：

Speak more slowly, please.

请讲慢些。

Make yourself at home.

请随便，不要客气。

Take off your muddy shoes before you get inside.

进来之前把你的泥鞋脱掉。

（2）承诺性的施为性言语行为：即在交际过程中表示允诺、保证等的言语行为。例如：

Mom promised me she would take me to the carnie.

妈妈答应我要带我去游乐园。

He asked her to give him another chance.

他请求她再给他一次机会。

His teacher warned him not to sleep in class any more.

老师警告他不许再上课睡觉。

（3）表情性施为性言语行为：指表达自己对某人的某种情感或态度的言语行为，如表示感谢、祝贺等。例如：

I would like to express my gratitude.

我要表示我真挚的谢意。

I really appreciate what you've done for me these days.

我真的很感激这些天来你对我的帮助。

It is very kind of you to help me.

你能帮助我真是太好了。

中国传统文化具有独特的文化性质，在中国的文化观念中，等级差异是被认可的，上尊下卑观念深入人心，指示性言语行为就会受到这种观念的影响。由于中国的文化观念要求人的行为要符合自身的身份和地位，所以领导对员工、父母对子女、长官对士兵都能直接施以指示性言语行为，不必讲究委婉。

西方文化中对于中国的等级观念是不认同的，他们追求自由平等，强调个人主义，任何人都不能对他人随意实施指示性言语，即使是上级对下级、父母对子女、教师对学生都不能直接使用命令的语气，任何命令行为都等同于对个人权利和自由的不尊重。因此英语交流中要注意减少以命令、威胁的语气要求别人做某事，尽量委婉地表达请求、命令等，如以下对话：

A: Excuse me. Miss, is this seat taken?

B: I'm sorry. Can you repeat, please? I didn't catch your meaning.

A: Oh. I mean whether I could sit here?

B: No. it is empty. You can take it.

A: Would you mind moving over one seat so I can put my package near here?

B: No, not at all.

此外在某些礼貌用语的使用上，中西方文化之间也存在一定差异。例如，英语中是十分重视"please""thanks"等礼貌用语的使用的，即使是十分亲近的人之间也要使用礼貌用语，如果不了解这一点，那么下面这种情况我们可能就难以理解。

Tom：Can I have an apple?

Mum：An apple what?

Tom：Can I have an APPLE?

Mum：An apple WHAT?

Tom：Can I have an apple，PLEASE?

很明显，中西方的文化特性差异导致了人们在使用指令性言语行为时存在着差异，某些中国人认为理所当然的权利和义务，在西方人看来却是不容侵犯和染指的。在今天的中国，虽然某些在西方国家十分重视的个人权益、个人需求及责

25

任也得到了一定的重视，但是重视程度和性质还是与西方国家存在很大差异的。

中西方文化在承诺性言语行为以及表情性言语行为上也具有一些差异。中国传统文化观念注重谦逊、尊重、文雅、热情等独特的礼貌原则，这里的"谦逊"与西方文化中的"谦虚"不同，西方文化中的"谦虚"指"尽量不称赞自己，尽量贬低自己"。而中国文化中的"谦虚"指"在贬低自己的同时抬举别人"，二者是截然不同的，这样的差异也会引发很多误解情况，中国传统文化的文化氛围要求人们在交际过程中要注重自谦语的使用，如"抛砖引玉""班门弄斧""才疏学浅""愧不敢当"等词语在西方人看来是难以理解的，他们认为这种自谦是虚伪的表现。因此在运用礼貌原则时也要注意语境，尽量保持思维开放，学会站在对方的文化背景中与其进行交际活动。

总而言之，中西方文化的差异造成英汉语礼貌原则的运用具有很多不同之处，在跨文化交际过程中，交际双方要注重对于对方文化背景的了解和学习，避免因为礼貌原则的差异而引发误会。

第五节 英汉民族思维方式与差异对比

语言是思维存在的物质形式，思维活动要依靠语言来进行，思考成果也要依靠语言来表达。由于各个民族所处的自然环境、社会环境等方面存在着一定的差别，因而各民族的思维方式也都具有自己的特色，语言结构与思维方式是存在紧密联系的，因此各民族之间的语言结构也是各不相同的。在奈达看来，翻译并非简单地将一种语言转换为另一种语言，而是要使两种语言之间达到概念等值，要对两种语言的文化背景进行深入分析，将两种语言的语义结构进行转换，使二者保持一致，再将两种语言的转换结果进行重新组织，最终实现两种语言之间的翻译。由于英汉语民族的文化背景、思维方式和语言表达方式存在显著差异，在英汉翻译实践中，我们经常会遇到一些对中国人来说比较特殊的句型或特殊词汇。如果译者拘泥于原文的结构或词汇的字面意义，译文必然诘屈聱牙或语义不清，有些不但貌合神离，甚至歪曲了原作的思想和意境。这种情况的出现，根源在于我们理解源语时，仅停留于其表层结构，没有准确地把握并透彻理解其深层含义，没有在译语中找到最为贴切的对应结构和词语。为了使译文达到忠实传神的效果，译者只有摆脱原文结构的束缚，活用字词表面意义和句子表层结构的转换，有时需要站在一个与原文表面意义相反的角度，进行逆向思维来重组原文信息。这样做，译文虽有南辕北辙之感，但仔细推敲却又貌离而神合。

一、感知取向

由于自然环境和社会环境的差异，各民族的思维方式也有各自的特点。西方传统哲学思维对外部事物的反映不是靠直觉感性的认识，而是依赖抽象理性的表述，是一种分析性的逻辑思维，其语言结构特点与思维方式特点相一致。中国传统哲学思维则基于主客体统一的辩证观念，对人和自然界关系的认识是凭借直观理性认识整体，把握外在的世界，是一种以直觉表象与整体和谐为主要特征的综合型思维模式。思维与感知方式的不同，在对行为、事物、观念的取向上也存在着很大差异。例句如下：

（1）Books were beyond her interest-knowledge a sealed book.

她对书本毫无兴趣——更谈不上什么知识。

句中"beyond her interest""knowledge a sealed book"直译为"超出她的兴趣／在她的兴趣之外"及"知识是一本未开启的书"，中国人对此很难理解，不如直接道出其真正含义："对书本毫无兴趣""更谈不上什么知识"，既不悖原意，又符合汉语规范。

（2）His little note to me was full of uplifting phrases, and it sent me to my typewriter to compose a few overdue letters of my own.

他写给我的小小便条充满了振奋人心的话语，使我不由地坐到打字机前来构思几封早就该写的信。

句中"it sent me to my typewriter to compose a few overdue letters of my own"是西方人重外部客观事物的思维和表达方式的典型表现，中国人重主观内省，所以有"不由地"这种译法。另外，把"overdue letters"译成"迟到的信"显得太生硬死板，不如译成"早就该写的信"来得生动流畅，且带有主观感受。

（3）If the car ceases to be at a safe braking distance from the one in front, ARIADNE sends a vibration through the acceleration pedal to warn the driver to slow down.

如果汽车与前面的车辆之间的距离超出了安全刹车的范围，（实时智能驾驶辅助系统）通过加速器踏板发出震荡以提醒司机放慢速度。

句中"ceases to be at a safe braking distance"本义为"停止在安全刹车的距离"，语义和逻辑显然都不通，这时，我们只好展开逆向思维，进行由此及彼的联想，将原文内容实质准确地表达出来。"停止是或做……"即"不再……"，从反向理解即"超出了"更恰当。

（4）There's never been much love lost between her and her sister.

她和妹妹一向互相厌恶。

There's little / no love lost between A and B；A 和 B 彼此厌恶。

毛荣贵曾经说："翻译的过程并非简单的、直线式的、由一种语言过渡到另一种语言的过程，在两种语言中间还有一个思维作为中介，并且它也是翻译的重要支点。"[①]翻译时，译者有时不得不摆脱原文结构的束缚，居高临下去重组原文信息，只有在两种文化之间找出其思维差异，寻求两种语言间的对应点，才能获得两种语言间的语义等值。

二、时间观念

时间观念受制于文化差异，各种文化都必然在过去、现在和未来三种时间概念上有所侧重。我国是一个传统导向的社会，在时间观念上，人们常常要考虑过去怎样，有何成功的经验或失败之教训，今天如何做，将来又该怎样，也往往以过去为标准。中国人在叙述事物时，一般都按照过去—现在—将来的顺序进行。西方人尤其是美国人则立足未来，因此，未来是他们的重要时间观念。汉英民族在用"前"与"后"分别指称过去与未来的概念上采取不同的观点和态度，翻译时需要我们进行逆向思维来重组原文信息。例句如下。

（1）In fact one mould can produce many thousands of articles before it wears out.

事实上，一个模子生产成千上万件产品之后才会用坏。

（2）We now have the technology to develop machines before people are ready to use them.

[①] 毛荣贵. 英译汉技巧新编 [M]. 北京：外文出版社，2001.

而现在我们的技术足以开发人们一时还接受不了的新机器。

如果拘泥于原文"before"的字面意思而译成"在……之前",译文将晦涩难懂,在此情况下,我们只能"从反计议",选用符合汉语习惯的表现方法,才能做到文从字顺。

三、空间描述

地域文化的差异,使英汉两个民族对同一现象或事物采用不同的言语表达形式,这也同样表现在空间描述上。不同民族对方位及其相应物的感知取向也不尽相同。因此,翻译时需要看它的上下文语境及其实际意义。例句如下。

(1) Keeping the street to her right, she walked in a western direction.

她沿着大街的左边一直向西走去。

句中"keeping the street to her right"根据其具体语境及其实际意义将其译成"沿着大街的左边",看似"南辕北辙",实则"殊途同归"。

(2) Some companies think that people in their fifties are over the hill and not worth employing.

一些公司认为50来岁的人开始走下坡路,因此就不值得雇用。

句中"over the hill"(走下坡路)是其本义,如果照字面翻译成"在山峰上空",会令人费解,再细斟慢酌上下文语境,原来"over"在这里具有另一意思"越过",由此联想便不难理解了。

(3) People thought for many years that we would breed ourselves out of existence. But now it seems our population will peak, and that's an optimistic message.

长期以来的观念是人类会无节制地繁衍直到灭亡。但是,现在看来人口会有一个上限,这一信息令人乐观。

句中"peak"本义为"达到顶峰",若照搬词典释义,译文将有违逻辑或语义不清,这时,我们只好深入挖掘其内涵意义,用逆向思维,译文方通顺达意。

四、数量表达

由于不同民族观念不同,英汉两种语言在表达数量概念时有时会有一定的差异,翻译时应该顾及汉语的习惯。例句如下。

（1）If you pay by cash, we will give you twenty per cent discount off the price of goods.

如果现金付款，我们予以八折优惠。

（2）I couldn't buy into it. It's a thousand to one nothing comes of it.

我不能投资入股。否则，十有八九是不会有什么结果的。

五、反说正译和正说反译

英汉在表达否定概念上的方式和习惯不尽相同，有许多句子正说反译或反说正译都行得通，只是其语气有所不同而已。但是，有些是固定结构或搭配，它们就不能按正常的词汇意义来理解或翻译，要经过正反的调整，否则其意义将会表达不清或误译。例句如下。

（1）After a 10-hour operation, surgeons tell Cary the transplant couldn't have gone better——the organs were a perfect match!

经过10小时的手术，医生告诉加利移植极为成功——器官完全相配。

句中"couldn't have gone better"字面意思是"不可能进行得更好"，是否定式，但在汉语里，这样说不习惯，而且可能引起歧义。

（2）Young scientists cannot realize too soon that existing scientific knowledge is not nearly so complete, certain and unalterable as many text-books seem to apply.

年轻科学家应尽快认识到，现有的科学知识绝不像教科书所说的那样几乎是完整的、确切的和不可更改的。

句中"cannot realize too soon"本义为"无论怎样认识也不会太早"，是地道的逐字翻译，此译法让人读来饶舌，又如雾里看花。

（3）The battlefield became something holy. It was not touched.

这个战场几乎已成为圣地，至今保持着当年的旧貌。

句中"not touched"若直译成"未触摸过"，显得太口语化、太平铺直叙，让人感到译者笔力不济，如同喝白开水，毫无意境可言。

（4）It was above the common mass, above idleness, above want, above insignificance.

这里没有平庸之辈，没有懒散，没有贫困，也没有卑微。

对于这种特殊词或短语甚至于句子,译者必须在真正吃透原文的基础上,善于摆脱原文结构的束缚,敢于在译入语固有的规矩中,做到虽貌离而神合。

通过以上实例,我们讨论了英汉两个民族在不同文化背景下,往往表现出不同的思维定式和社会心态。即使对同一事物,两个民族也往往会有不同的视角和不同的观点。在翻译实践中译者应该摆脱原文表层意义和结构束缚,进入深层挖掘其义,这样才能忠实地再现其意蕴,否则,译文就可能背离或歪曲原义,或者貌合神离。

第二章 英汉词汇的对比与教学

本章从五部分对英汉词汇的对比与教学进行分析，分别为英汉构词方法同词类标记的对比、英汉词汇词义的对比、英汉词汇特征比较、英汉词语搭配的对比、英汉词汇学习的注意点。

第一节 英汉构词方法同词类标记的对比

从语言词汇的形态特征来看，汉语属于孤立性语言（每个词只由一个语素构成）。英语也偏向于孤立语，但是与汉语相比，它则偏向于屈折性语言，或称为综合性语言（每个词可以通过词形的变化来表示意义或语法功能的变化）。屈折性语言中词汇的一个重要特征是词缀丰富，所以英语中派生词比例较汉语要高一些，而汉语中复合词所占比例较英语要高一些。

一、构词的对比

英语构词有三种方法，即缀合法（affixation）、转化法（conversion）和复合法（compounding）。缀合法是在词根（root）上加前缀与后缀，加缀后的词获得新的意义而成为新词。转化法就是词根形式不变而转化为其他词类，如 drive（s.）→ drive（n.），release（e.）→ release（n.）。复合法就是把两个或两个以上独立的词结合在一起构成新词的方法，如 teapot、bedroom、snowfall。

英语构词法的核心是缀合法。英语中有不少构词能力很强的词根，而且构词的前缀和后缀也十分丰富，往往一个词根上可以同时加上前缀和后缀。而且，加过第一层的前后缀后还可以在这个词的基础上再加前后缀，如 nation → national → international → internationalist。由此看来，一个英语词根犹如一个核心，加上不同的前后缀，就像蜘蛛网那样向四周辐射，呈现出一个核心扩散样态。

词根是缀合法的基础，在同一词根上可以缀加不同的词缀，表示不同的意思，并可表示各种不同的词类。以拉丁词根 duc- 及其变体 duct- 为例，加上前缀后可以形成 conduct，introduce，produce，reduce，seduce 等词，加上其他前缀或后缀以后，可以形成 conductive，conductible，conductivity，conduction，conductor 等一系列的派生词。学习者要逐个记住成千上万个单词是困难的。但是词根、前缀和后缀的数量是有限的，它们是学习者扩大词汇量、理解词义的三把钥匙。

汉语的主要构词方法是复合法。汉语中也有缀合法组词的现象，但是，汉语中词缀数量少，而且加缀并不固定，可有可无，所以应用不广泛，如前缀"阿"可以缀合成"阿哥""阿姐"，但是说成"哥哥""姐姐"也是完全可以的，甚至单说一个"哥""姐"也成立，如"我哥哥"也可以说成"我哥"。前缀"老"可以加到"虎"前，成为"老虎"。后缀"子"加到"狮"的后面成为"狮子"。当说到"老虎啸，狮子吼"时，是指老虎或狮子在叫，如要形容某种声音大而吓人时，那就要说"虎啸""狮吼"，"老"和"子"又被删掉了。

英汉语复合法有相似之处，也有根本的差别。

相同之处在于，复合词中的语言关系含有类似句法的关系。成分之间的句法关系，可分成若干小类。

（1）主谓式

sunrise，heartbreak；地震、眼熟、头痛、性急

（2）动宾式

pick pocket（to pick pockets），birth control（to control birth）；动员、行政

（3）修饰限定关系

raindrop，moon landing，watchdog；白糖、夕阳、铅笔

在这种具有语法关系的复合词中，英汉语的主要差别在于汉语都是按顺序构成，即按"主—谓""动—宾""修饰＋被修饰"的语序排列；而英语复合词的排列顺序，既可以是顺线性的，如 springboard，rainfall，homework，也可以是逆线性的，如 playboy（动＋主语）、duty-free、class-conscious（被修饰＋修饰）、breathtaking、record-breaking（宾＋动）。

汉语大量的复合词是并列关系，与英语复合词相比，这也是其显著的特征，汉语复合词并列关系也可分成若干小类。

（1）同一联合：海洋、文学、追逐、阻塞、贸易、贯穿等。

（2）反义联合：始终、甘苦、方圆、供求、异同、呼吸等。

（3）类义联合（两个语素为同类事物，其中有的语素还有包含关系）：尺寸、斤两、江山、骨肉、爪牙、眉目、针线、穿戴等。

汉语中还有两种独特的合成词构成方式，与英语构成了明显的区别。表示属概念的词加上修饰语素就可以形成一个词族，如自然界的树、花、草、虫、鸟与人类生活相关的车、船、厂、房、园、药等，我们以树为例进行说明（表2-1-1）。

表2-1-1 "树"的同类词

杨树	poplar	桑树	mulberry
柳树	willow	椴树	linden
松树	pine	山楂树	hawthorn
椰子树	coconut palm	栎树	oak
柏树	cypress	李树	plum

尽管有的英语名称也有"tree"这一成分，如pine tree，oak tree等，但是这个"tree"是可有可无的。

从上面的例子中可以看出，汉语用类别词"树"可以构成一连串的同类词。在这类词中"树"既不是后缀，也不是核心，这些词是由"树"出发，平行式地扩展成一系列的词，而英语则不具备这种构词方式。英语中有一个"tree"作为总代表，与汉语中的"树"的性质是一样的。但是，这个类别词不像汉语"树"那样能作为这一词族的通用语素，而是每一种树都有一个单独的名称，从构成语素看，没有共同点。

再以"车"为例，英语中汽车的总称是"automobile"或"motor vehicle"，具体类型的车也单独命名。但是，在汉语中一律用一个偏正合成词，称为××车（表2-1-2）。

表2-1-2 "车"的同类词

bus	公共汽车	car	小轿车
minibus	面包车	truck	载重车/卡车
jeep	吉普车	trailer	拖车
ambulance	救护车	taxi	出租车
coach	长途客车	dumper	自动卸货车
crane	吊车	forklift	铲车

英语中汽车的名称让人眼花缭乱。但汉语以不变应万变，一概称之为××车，用一个偏正合成词或偏正词组就应付自如了。

以某一语素为出发点，与一系列语素合成一个语义相关的词族。以"清"字为例，其基本含义是"纯净"，平行扩展合成的形容词如表2-1-3所示。

表 2-1-3 "清"的扩展词

清楚	distinct	清贫	poor
清澈	clear, limpid	清凉	cool, refreshing
清洁	clean	清香	delicate, fragrant
清静	quiet, secluded	清雅	elegant
清闲	idle	清淡	light, delicate

从以上英汉语缀合法与复合法的构词对比来看，英语构词的样态呈核心扩散状，而汉语呈平面扩展状。认识了解英汉语在造字构词上的不同特点，对探索两种语言的学习规律有重要意义。例如，学习汉语的词汇要首先关注单音字，以字带词；英语词汇的学习和扩展则应以词根为中心，或称以词干为中心，采取中心开花的记忆方法。

二、词类标记的对比

英语的词性可以表现在形态上，大多数词具有词性词尾，如名词、动词、形容词、副词，根据其后缀的形式，就能显出它们的词类。

（1）名词标示：-er, -or（职业、工作性质）→ writer, worker, actor；-ation（状态、动作）→ exploration, organization；-hood（地位、领域）→ brotherhood, neighbourhood；-ness（状态）→ happiness, cleverness。

（2）形容词标示：-ful（充满、具有）→ hopeful, successful；-ish（属性）→ foolish, childish；-able/ible（可以被……的，能……的）→ reasonable。

（3）动词标示：-ify → beautify, amplify；-ize → symbolize, modernize；-en → widen, quicken, ripen。

（4）副词标示：-ly → happily, oddly；-wise → clockwise。

英语的名词除具有上述后缀作标示外，还有两个十分明显的外在标志：一个是介词，另一个是冠词。有定冠词"the"，不定冠词"a(n)"在先的，一定是名词，用在介词后的也一定是名词，所以在英语中辨认出名词是件比较容易的事情。

从以上列举的后缀标示来看，英语的词类视觉分辨率比汉语要高得多。词类标记有助于我们判定该词的语法功能和意义，这正是形态语言的优势。

汉语中，实词无形态标定，划分词类的标准是语义与功能。汉语除少数后缀，如"子""儿""头"等可以标示名词，"地"标示副词，"的"标示形容词之外，几乎无形式标示可言。例如，"困难"是形容词还是名词？在"克服困难"中是名词，在"困难工作"中又充当形容词了；但在英语中，"difficult"与"difficulty"形式是不一样的。汉语中"导演"既可以作动词（导演电视剧）也可作名词（著名导演）；但是，在英语中"to direct"与"director"分得很清楚。"丰富"是形容词（物产丰富），又是动词（丰富业余生活）；在英语中"rich"是形容词，加前缀"en-"后构成"enrich"。"因为"是连词（因为他病了，所以没有来上学），也可作介词（因为他，我推迟了婚期）；在英语中"because"是连词，要变成介词就要加一个"of"，成为"because of"。

由于汉语词类基本上无形式标记，究竟如何来划分词类是个问题。目前多数学者认为，汉语词类的区分不能单纯根据意义，还要看其功能，即首先根据意义把具体的词归入词类，然后再确定某个词类在句子中可以充当的句子成分。例如，名词可以修饰动词，"他们天各一方，但经常书信联系，互通音讯"。再例如，动词或形容词可以直接充当主语，"游泳是一种很好的运动""漂亮是姑娘们追求的目标"。

英语的词类有相对固定的功能，动词、名词、形容词、副词分工明确。而汉语词类无形式标记，主要按意义分类，与句子中的功能不能一一对应，是模糊状，这是其局限性。

第二节　英汉词汇词义的对比

英汉语各自的词汇系统在意义上以及使用特点上既有相同之处（在意义上能够完全对应），更有许多不同之处（相互之间完全不对应和不完全对应）。对两种语言词义特点的比较，无疑能够帮助学习者科学地掌握英语词汇的意义和用法。

一、英语词义的特征

与汉语相比,英语词义最显著的一个特征是意义灵活、丰富多变,因而对上下文的依赖性比较大。例如,英语中的"uncle"一词既可以指"伯父""叔父",又可以指"姑父""姨父""舅父""表叔"。"parent"这个词在英语中可以指"父亲",也可以指"母亲"。英语一向被认为是一种适应性、可塑性较强的语言。英语中有一种说法:词本无义,义随人生。(Words do not have meanings; people have meanings for words.)此说法反映了英语一词多义的特征。

一词多义(polysemy)是语言的普遍现象,但在英语中这一现象尤为普遍,而且在名词、动词、形容词、副词中,往往词的使用频率越高,词义就越多。以"story"这个词为例,汉语中该词的词义是"故事";但在英语中,在不同的语境中却有不同的词义。以下列句子为例。

(1) Oh, what a story! 哦,好个谎话!

(2) To make a long story short. 长话短说。

(3) It's another story now. 但这是另外一个问题。

(4) He stories about his academic career and his professional career. 他编造了他的学历和经验。

(5) Once the story got abroad, I would never hear the last of it. 要是这个奇闻一旦传了出去,就会议论个没完没了。

(6) I don't buy your story. 我不信你的话。

(7) Stories circulated first in Moscow. 流言起初是在莫斯科传播的。

(8) I have tried all I could do to silence such a story. 我已经想尽办法去平息这个谣传了。

(9) Her story is one of the saddest. 她的遭遇算是最惨的了。

(10) John's tale sounded to me exactly like a fish story. 我认为约翰的故事荒唐无比。

(11) The story about him became smaller and faded from the public eye by and by. 报道对他的渲染已减少了,不久他就不再受公众注意了。

(12) I don't want you to get a wrong idea of me from all these stories you hear. 你听了那么多闲话,我不希望你从中得出一个对我的错误看法。

（13）You put me on the spot. I have to cook up a story this time. 你把我拖下水，这次我要找借口了。

（14）A young man came to the police office with a story. 一个年轻人来到警察局报案。

（15）It was reported that the general was dead, but officials refused to confirm the story. 据说将军已死，但官方拒绝证实这个消息。

又以"kill"为例。

（16）He killed the man. 他杀死了那个人。He killed the dog. 他宰了那条狗。

（17）They killed the proposal. 他们断然拒绝那个建议。

（18）Please kill the engine. 请把发动机熄灭。

（19）He is dressed to kill. 他穿得很时髦，十分吸引人。

一词多义无疑为学习者掌握词义带来了一些困难，所以学习者有必要了解英语词汇各意义之间的关系。

英语一词多义的根源是词义的演变，其结果是词义的不断积累和扩充。英语多义词的各个词义尽管纷繁复杂，相互之间还是构成了一定的关系。

（一）原始意义与引申意义

词源学考证所能发现的第一个词义，是词的原始意义，其余全都是引申意义。原始意义或多或少与引申意义有些联系。例如，"candidate"（候选人）的原始意义是"穿白衣服的人"，因为在古罗马想要竞选公职的人必须身穿白袍。"pen"的原始意义是"羽毛"，因为人们最初是用羽毛作为书写工具的。

（二）普遍意义与特殊意义

由于词义范围在历史演变中的扩大或缩小，有些词既可以指一类事物，也可以指这类事物中的一种或一个。例如，"case"有"事例""实例"这一普遍的意义，还有"病例""情况"和"案件"这几个特殊意义，在"That is often the case with him（他往往就是这样）"这个句子中，用的是"case"的特殊意义。

（三）抽象意义与具体意义

这两个意义也是词义范围变化的产物。在"Beauty is but skin deep（美貌只是外表罢了)"中,beauty 表示"美貌"这种抽象的意义;在"She is a real beauty(她真是个美人)"中,"beauty"具体指一个"美丽的女子"。"pride"可以表达"骄傲"这种抽象的意义,"Pride goes before a fall(骄兵必败)"也可以表达"一个骄傲自满的人"这样一种具体意义。例如:"The bright boy is the pride of his parents(这个聪明的男孩是他父母的骄傲)"英语词汇中这种现象很多,一般抽象名词都可用来指具体事物。词语的抽象意义与具体意义的例子,如图 2-2-1 所示。

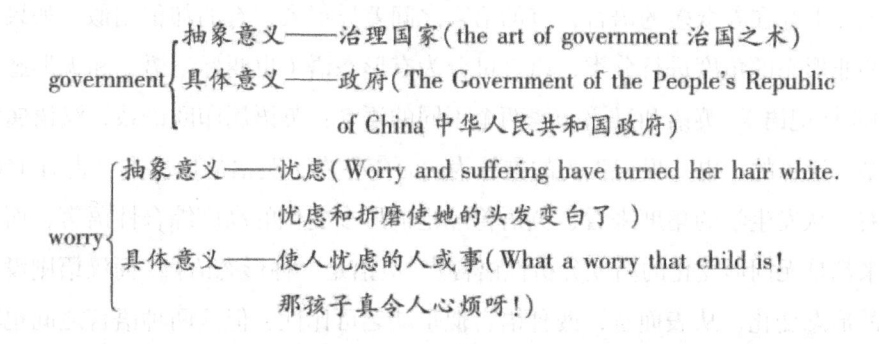

government ┫ 抽象意义——治理国家(the art of government 治国之术)
　　　　　　└ 具体意义——政府(The Government of the People's Republic of China 中华人民共和国政府)

worry ┫ 抽象意义——忧虑(Worry and suffering have turned her hair white. 忧虑和折磨使她的头发变白了)
　　　└ 具体意义——使人忧虑的人或事(What a worry that child is! 那孩子真令人心烦呀!)

图 2-2-1　词语的抽象意义与具体意义的举例

二、汉语词义的主要特征

汉语词汇意义的最重要特征是表意准确、形象鲜明、言简意赅、辨析精细。形成这种特征的主要原因是,汉语的单字搭配能力强、组词方式灵活、具有很强的语义繁衍能力。汉语虽以单字为本(在古汉语中单音词较多),但是现代汉语词汇却以双音节词居多,又有很丰富的成语(其中以四字成语为主)。汉语的单字组词能力强,这就可以使其生成出丰富的词义,现以"生"字为例作出说明。

从基本词义上看,"生"不但可以表示与人的一辈子有关的概念,如生育、生长、生活、生命、生平;而且可以表示"不熟"或"不到位"的意思,如生肉、生字、生硬;也可以表示"学习者",如学生、招生;甚至还可以作副词表示程度,或作副词后缀,如生怕、好生等等。由其基本意义的延伸、扩散所构成的词汇很多,如生辰、生计、生还、生病、生动、生理、新生、放生、实习生、生搬硬套、后生可畏、急中生智、人地两生⋯⋯在这一系列词汇中,"生"字又形成结构形式上的差异,如偏正结构、动宾结构,甚至还可以形成一词多义的情况,如生气、既可表示"不高兴",又可表示"有活力"。生产和产生两个词,一个注重过程,一个强调结果,凡此种种,不一而足。虽然汉语词汇在构词方式上比较灵活、宽松,但在表意上却不失严谨和紧凑。

第三节 英汉词汇特征比较

世界上存在着众多的语言,有的语言之间差异很大,有的却很相似。如果从形态和非形态的角度进行分类,语言可分为有形态语(也叫标记语)和无形态语(也叫非标记语)。英语和汉语分属两个不同的语系:英语属印欧语系,汉语属汉藏语系。汉语的历史,根据王力的推算为一万年左右,英语的历史迄今也有1500年左右。从发生学的角度来看,英语曾经是词形多变化的高度综合性语言,而汉语从来都是无词形变化的高度分析性语言[1]。英语是一种形态语言,而汉语则没有严格的形态变化,从表面看,两种语言似乎缺乏可比性,但这两种语言之间也存在着一些共性,如两种语言均有分析性语言的特点,在基本句型的构架和文字表达顺序方面也有许多相似之处。

吕叔湘曾在《中国人学英语》中指出:"我相信,对于中国学生,最有用的帮助是让他认识英语和汉语的差别。在每一个具体问题——词形、词义、语法范畴、句子结构上,都尽可能用汉语的情况来跟英语做比较,让他通过这种比较得到更深的体会。"[2] 这段话阐明了汉英比较的实际意义。本节拟从英汉词汇在构词特点、形态变化、词汇意义以及并列词语的顺序四个方面对英汉两种语言进行比较,探索不同语言的内在特征,找出两种语言在词汇层面的差异,进而达到指导英语教学的目的。

一、英语构词特点对比

夸克(R. Quirk)和里奇(C.Leech)等当代语言学家把词类划分为"开放类"(open class)和"封闭系"(closed system)。"开放类"指名词、动词、副词和形容词,它们是容量很大的词类,容易增添新词和废弃旧词;"封闭系"基本上属于

---

[1] 丁金国. 汉英对比的理论与实践 [J]. 烟台大学学报, 1996 (01): 78-86.
[2] 吕叔湘. 中国人学英语 [M]. 北京: 中国社会科学出版社, 2005.

虚词，如介词、代词、连词、限定词、情态动词等，这类词一般无法扩充。英汉两种语言在增添开放性词类的方法上，即构词方式上，存在着明显的差异。

从构词特点来看，当代英语构词法有词缀、合词、转类、拼缀、逆构和缩略等方式。也有观点认为现代英语构词法主要有两大类：（1）拼缀、组合法；（2）旧词转义法。拼缀、组合法是英语中的一大构词特点，许多新词都是用这种方法构成的，比如"smog"（smoke+fog），"telecon"（telephone+conference），"brunch"（breakfast+lunch）；再如"baby sitter" "far-sighted" "overstate" 等都是通过拼缀、组合法构成的。这些构词方式被广泛地用来产生新词语，体现了简便经济的价值观念。并且随着时代的发展和科技的进步，一些新词也应运而生，如"Internet" "Cybershopping" "E-mail" 等。同时可以看出英语合成词的构成成分之间通常存在着限制或修饰的关系。英语的构词多采用熔接式，即词根词缀在语音上熔接在一起，而汉语多采用粘着式，容易分析出词的词汇意义。

现代汉语的构词法类型有两种，一是单纯词，二是合成词，合成词又分为复合词、派生词、重叠词。根据构成词的音节多少，可以分为单音节词、双音节词和多音节词，其中双音节词最多；单音节词词素单一，不受组成词素意义的限制，因此单音节词比较灵活，如单音节词"马"与"术"结合成单义词"马术"后，词义受到限制，变得偏窄但准确。再如在《现代汉语词典》中，以"电"作为语素开头的词语有电脑、电视、电报、电路、电压、电灯、电源、电话、电表、电车等，这种以词根复合法构词的方式是现代汉语构词的一大特点，大大丰富了汉语的词汇。由上面的例子也可看出汉语的合成词比组成这个词的词素以单音词出现时的词义缩小了范围，其原因就在于组成词素在合成词中的相互相约作用。另外，汉语有双音词化的趋势，因此合成词是汉语的主要构成特点，是成为新词的主要来源。

下面我们再把英语中第一类构词法，即旧词转义法与汉语进行比较。旧词转义法是英语中一个很常见的构词法，许多词，无论是动词还是名词，其义都有相当一部分可以转化，这就使得英语词义不断积累，词汇词义容量越来越大。例如，"bird"一词原本指鸟，后来口语也指"人、姑娘"，近来也可指"飞机、火箭、直升机"；再如，"run"一词在不同的语境中意义也不同，《新英汉词典》中就列出了17个义项，比如，"to run a home" "to run us to the station" "to run for mayor""The film has run for a month""The child has a running nose"等等,并且它的词义还在不断增加,犹如滚雪球一样越滚越大,词义容量也越来越大。"run"一词概括的语义量是任何一个汉语对应词都无法比拟的。汉语中旧词寓新意的情况也有,但不是主流。以"城"一词为例,"城"原本指古代都市四周用作防御的城垣,一般有两部分,里面的部分称"城",外面的称"郭",现在"城"可用于指"大型商业网点",如娱乐城、经贸商城等,但这种旧词寓新意的情况在汉语中不是主流。

另外,英语中的结合法构词法也是汉语中所没有的,所谓结合法是指句子中的某个成分变成另一成分的一部分,这种结合法模式使大量的N—V转类成为可能,例如,"They are watering the streets. He buttered his bread. He fathered many inventions."在这些句子中,原来的名词water、butter、father都用作动词,通过N—V转类法对一些缺项的特指动词进行了弥补,而在汉语中大多数情况下这是不可能的,汉语特指动词的缺项通常需要旧词的搭配与组合来表达。Celce-Murcia 和 Larsen-Freeman 指出,"结合法模式可使我们以更简洁的方式,即用较少的词汇来表达思想。不同语言具有不同的结合法模式,对这点应该有所了解"。[①]

二、形态特征对比

根据词汇形态特征,语言可分为孤立语、黏着语、屈折语和综合语。汉语是一种非常接近于孤立语型的语言。汉语无标记形态,是"缺少严格意义的形态变化"的无标记语言,而英语和其他印欧语言形态丰富,是有标记的语言。正如吕叔湘所说,"在某些语言里,形态即使不是语法的一切,至少也是语法的根本"。英语所采用的主要语法手段是形态变化,主要方式有附加、内部屈折和异根等,在表示不同的语法意义时,不是采用内部屈折的方式,如"know—knew""grow—grew",就是采用异根的方式,如"bad"的比较级是"worse"和"worst";而在汉语中,单音节、单语素、一字一音一语素现象普遍,无词尾变化,尽管形态变化不多,但文字本身意义丰富,一字多义,同音多义,使用起来灵活方便。因此汉语的语法主要是通过语序和虚词等方式来体现,如表示时态可在动词后面加着、了、过;表示复数时一般在人的名词之后加"们"。另外,汉语中

---

① 邵志洪.英汉词汇语义容量比较[J].外语与外语教学,1996(02):15-20+56.

动词、形容词可以放在主语或宾语的位置上，用作名词，比如"圆桌、餐桌、折叠桌"，"圆、餐、折叠"分别是形容词、名词和动词，却出现在相同的位置上充当相同的句子成分，再比如这句话："对手的失利给了我们很大的鼓舞"，"失利、鼓舞"原本是动词，这里加上定语后就可以用作名词了；而英语中如果要想把动词用作名词，一般要在动词原形前加"to"，使之成为不定式，或在动词后加"ing"，使之变成动名词才可以。

三、词汇意义对比

英汉两种语言虽属不同的语系，但都是高度发达的语言，词汇非常丰富。由于两大民族不同的历史、不同的风俗习惯乃至不同的思维方式，词汇的意义和内涵虽有相似之处，但也存在差异。比如桌子所表示的理性意义就是"上面可以放东西的家具"，这与英语中 "a piece of furniture with a flat top supported by one or more upright legs" 没有太大区别。所以，尽管桌子和 table 在东西方人的头脑中意义并非完全一致，但它并不影响人们的交流。英国语言学家利奇（Geoffery Leech）将词义分为三类：理性意义、联想意义和主题意义。所谓理性意义指概念意义；联想意义是人们在使用语言时联想到的现实生活中的经验，表达人们在使用语言时感情上的反映。可见，尽管对人类各种语言来说，语义系统基本是共有的，但这并不意味着人们对客观世界的认知完全一致，或者说对同一事物具有同一概念。

在英汉两种语言中分别有一些词在一种语言中表示积极、正面的意义，而在另一种语言中则含有消极、否定的意义。例如，"宣传"在汉语中指讲解，有积极的意义，而英语的"propaganda"的含义是"often used disparagingly to connote deception or distortion"（见 Webster's New World Dictionary），可见，"propaganda"在英语中有明显的贬义；同样，"capitalist"一词在英语中有积极含义，而"资本家"在汉语中含有带有强烈的贬义，"peasant"在英语中含有贬义，而"农民"在汉语中是褒义词。

语言学家认为，语言是约定俗成的，英汉两种语言中均有使用动物做喻体的现象，但不同的风俗习惯和生活经验导致两个民族在认识和观察问题的角度和方法、方式上存在着很大差异。比如，英语中人们以"狮子"为百兽之王，狮子

43

象征着权力、勇敢；而汉语则以"虎"为百兽之王，如成语"狐假虎威""山中有老虎"等词语，因此，虎在汉语中象征着权力和勇敢，汉语中类似的表达方式有"虎将、虎胆、生龙活虎"等等。再如英汉两种语言中都有"龙"的字眼，但"dragon"在英语文化中是邪恶的象征，是凶残的怪物，而在汉语中的含义则恰恰相反，"龙"在汉语中是皇帝的象征，用来比喻杰出人物，含有"权威、吉祥、力量"之意，因此汉语中有"望子成龙、藏龙卧虎"等词语。另外，英汉民族对于养狗的态度也迥然不同，狗在汉文化中不是一个十分招人喜爱的动物，有时甚至是令人厌恶的东西，所以汉语中有"狗腿子、狗仗人势、丧家狗"等词语；但狗在西方社会通常被当作宠物来豢养，狗被当作人的朋友和伴侣，很多人都把狗看成家庭的一个成员，因此狗能享受到许多特权和优待，比如和主人一同去度假，正因为如此，英语里就有如下的表达方式："love me, love my dog"（爱屋及乌），"a lucky dog"（幸运儿），"top dog"（最重要的人物）等。

由于文化历史背景不同导致了人们对同一事物有不同认识，从而使词的文化内涵不相同或不对应，例如：

在一次口语考试中，外籍教师问学生：

A：Are you a family man?

B：Yes, I am.

A：Do you have a son or a daughter?

B：No, I got married just last month.

从上例可以看出，学生没有理解英语中 family 指家中的子女，而在汉语中只要结婚就"成家立业"了，如果不加比较用母语的含义去套用就会引起误解。"知识分子"在中国包括大学教师、大学生、医生、工程师、中学教师等一切受过大学教育的人，而在英美国家，"intellectuals"只包括大学教授等有较高学术地位的人；汉语中有一个成语"亡羊补牢"，其暗含之意是"未为迟也"，而在英语中尽管也有"shut the stable door after the horse has bolted"，但它的暗含之意是"太晚了，无济于事"；汉语中有"食言"一词，指"不履行诺言"，英语中虽也有"eat one's word"，但它表示的意思是"收回前言，认错道歉"。可见，即使是同一词语，其内涵也不尽相同。

四、并列词语顺序比较

关于并列词语的顺序，英汉两种语言也存在差异。例如，汉语的"日夜、科技、水火"等都是由两个实词并列而成，顺序非常固定，不能颠倒，汉语中没有"夜日、技科、火水"之类的搭配，而在英语中它的顺序同汉语相比主要有三种。第一种是和汉语的并列词语在顺序上完全一致，且固定不变，不能颠倒，这类词通常是按照事物或过程的主次、轻重、先后或多少而排列的，类似的表达方式有"science and technology""good and evil""import and export""home and abroad"。第二种是和汉语的并列词语的顺序部分一致，这类词在英语中的次序比较灵活，词序的先后取决于说话人语气侧重哪一方面，如英语中可说，"day and night"，也可说"night and day"，如果是强调"夜"，那么"night and day"似乎更好，同类的词语还有，"young and old / old and young""husband and wife / wife and husband""water and soil / soil and water"等。第三种是和汉语的并列词语的次序完全相反，且在两种语言中都是不变的，这类词语的顺序通常是由词义上的逻辑关系、存在的先后、作用的主次等因素来决定的，如汉语的"水火"，英语的表达方式是"fire and water"，汉语的"钢铁"，英语是"iron and steel"，汉语的"衣食"，英语是"food and clothing"，汉语的"迟早"，英语是"sooner or later"，等等，并列次序相反型是比较研究的重点。通过比较，可以看出，汉语的并列次序相对固定，词序决定词义；而英语的并列词序则比较灵活，对词义影响不大。

通过以上几个方面对比，不难看出在语言三要素语音、语法、词汇中，词汇的习得是最难的，这一方面是由于语言中的词汇极其丰富，许多是约定俗成的，且总处于变化之中；另一方面，词汇是语言的基本构成，而语言与文化是密不可分的，要真正掌握好一门外语，必须充分了解其蕴藏的文化内涵。基于此，在教学过程中，适当地对英汉词汇进行对比分析，有针对性地导入文化因素，有利于学生更好地掌握词汇和理解所学内容。同时，由于英语是一种形态语言，而母语汉语是一种非形态语言，因此在教学中要针对这一特点探索适当的教学方法。毋庸置疑的是，第一语言的获得和第二语言的习得机制是完全不同的，由于习得模式的差异，"对比"在英语学习中几乎是不自觉的或者说是不可避免的。如何减少母语汉语对英语的干扰或者说是负迁移，是外语教育工作者和语言对比研究者需要进一步探索和解决的问题。

第四节 英汉词语搭配的对比

按照利奇的说法，语言句子是在语言结构的聚合轴和组合轴上组织起来的。因此词的搭配关系主要指词与词之间的横组合关系，即什么词经常与什么词搭配使用。Firth 认为"理解一个词要看它的结伴关系（You shall know a word by the company it keeps）"，某些词经常和某些词共现，它们这种"mutual expectancy of words"形成了搭配关系。

我们在进行英汉词汇搭配对比时，应该有一个大概的估计或假设。汉语的词怎么算也不会超过 10 万，汉语的字更少，常用字大约 3500。而英语的词按最少来算也有 50 万。也就是说汉语词汇的总量比英语少得多是一个客观的事实。如果客观世界所表达的事物或概念是基本相等的，那么汉语的词汇量就必须足够大，单词词义就必须足够多。但事实上汉语无论是词汇数量还是词义容量都不可能无限制地扩大，前者受辨义音节数量的限制而可能造成更多的同音词，后者会造成一个词的词义大量增多而容易引起歧义，对语境的依赖更多。那么既要控制词的容量，又要满足日益增长的表达的需要，就只能通过一个词和另一词的搭配，组合成短语，才能表达英语只需一个词就能表达的意义。换句话说，汉语必须有较强的搭配能力才能满足交际的需要。

当然这只是一个假设，决定一种语言的词汇搭配能力强弱的因素有许多。语义是搭配的基础，对搭配起着关键的决定性作用。由于人类具有基本相同的认知规律，因此不同语言中，表达同一概念或事物的词语搭配是可以被人们理解的。但不同语言中又反映出各自的搭配习惯，而制约搭配关系的主要因素如词义宽窄、语言结构和思维模式等。

一、语义容量

（一）词的外延性

词汇搭配范围同单词语义外延有关，外延越宽，搭配范围就越大，反之亦然。汉语中"副"有"第二位的""辅助的""附带的"意思。因此有副主席、副总统、副经理、副教授、副司令、副食品、副业、副作用、副标题等。而英语中无论是 vice、deputy、side，或词缀 sub 所含意义远没有"副"多，因此能够搭配的概念也就没有"副"广。英语中，表示这些意义的"副"都是用好几个词来分担，没有一个能包括这么多意义的单词，如 vice president, deputy manager, associate professor, assistant commanding officer, subheading.

汉语中的"浓"可以指"液/气体的稠密""颜色的深度""程度的深"等，所以有浓汤、浓茶、浓咖啡、浓烟、浓云、浓眉、浓头发、浓眉毛、浓妆的搭配，而英语相应的"thick"或"strong"都没有这么宽的外延，所以在表达汉语上面这些词的意义时则用不同的形容词：thick soup, strong tea, strong coffee, thick smoke, thick hair, heavy cloud, heavy eyebrows, heavy make-up.

汉语"淡"与"浓"是反义，有"液/气体的不稠密""颜色的浅度""不旺盛"等意义，所以搭配也很广，可以是淡水、淡茶、淡季、淡妆、淡墨。而英语根据不同的事物采用不同的形容词：fresh water, weak tea, slack season, light make-up, light ink.

汉语中虚伪的假、不真实的假、伪造的假和人造的假等是不分的，所以有下面这样广泛的搭配：假牙、假花、假肢、假钞、假画、假酒、假新闻、假证件、假警察、假医生、假唱、假象、假话、假意。而英语分别用不同的形容词，如人造的：false teeth, artificial flowers, artificial limbs；伪造的：counterfeit money, fake pictures, fake credentials, adulterated wine；假扮的：fake policemen, phoney / quack doctors；不真实的：false appearance, pseudo-news, lie, hypocrisy（其中有的只用一个词）。

汉语"双"可以指任何两个的东西或人。但英语是 a double room（双人间）、double standards（双重标准）、a double-edged sword（双刃剑）、twin peaks（双峰）、twin towers（双塔）、twin stars（双星）、dual nationality（双重国籍）、dual carriageway（双向车道）。

汉语中的"恶性"泛指"能产生严重后果的"，所以有"恶性肿瘤""恶性循环""恶性事故"和"恶性通货膨胀"等，而英语对"恶性"有病理上的、物理上的区分，因此用不同的搭配：malignant tumor, vicious circle, fatal accident, inflationary spiral。根据不同的事物性质，用不同的形容词搭配。

汉语的"漂亮、好看"可以和几乎所有能够描写的对象搭配。但是英语在描写 girl / boy / woman / flower / garden / colour 这些软性、柔性的对象时用 pretty，而对刚性的对象 man / boy / car / vessel / overcoat 时用 handsome。

同样，汉语"一次性"是比较含糊的，比如"一次性付款""一次性拖鞋"，而意思完全不一样。英语就比较准确，认为"一次性付款"是"一次付清"的意思，"一次性拖鞋"是"穿一次后扔掉"的意思。因此不能用相同的形容词，相应的表达是 lump-sum payment，disposable slippers。

汉语中的"非常""很"搭配能力很强，几乎可以修饰任何形容词。而英语中对应的 very 就不是如此，如我们只说 sound asleep（睡得很熟）、far apart（很远）。同样 highly 也表示"非常"意思，但只能和表示有积极意义的词搭配：profitable / intelligent / recommended / sensitive 等。

不仅是形容词和副词，动词也有类似情况，如汉语中说学习知识、学习讲英语、学习榜样，都是用学习这一动词，但英语就只能用不同搭配，用不同的词表达：pursue knowledge，learn to speak English，follow the example。

汉语中的"打开"，不管打开是具体的还是抽象的，也不管打开的方式如何，是揭开盖子的，还是旋转、接通电源，还是解开结头打开，甚至是揭示秘密，都是用"打开"：打开电视、打开箱子、打开领结、打开信件、打开奥秘、打开抽屉、打开包裹。而英语对应词 open 外延就没有这么大，因此相应的内容，只能用不同的动词：open the box，turn on the TV，answer the door，loosen the tie，unfold the letter，discover the secrets，put out the drawer，unite the bundle。

汉语的"……得发抖"，英语根据不同性质对象用的是不同的词：quiver with excitement（激动得发抖）、tremble with fear（冷得发抖）。同样"溜达"，汉语中指人、指动物都可以。而英语中对应的有 wander，stroll 等，指人的时候，两个动词都可用，但指动物不一样，如英语中 cow 只能与 wander 搭配：The cows were wandering，而不与 stroll 搭配：The cows were strolling。

汉语既可以说"赢了比赛""赢了美国队"，也可以说"赢了他们"。而英语表示"赢"意义的，只能说 win a game / a race / a match，要表示赢了某个队，只说 defeat the team，defeat them。也就是说汉语中的"赢"具有英语中的 win 和 defeat 两个意义，或汉语中"赢了"和"打败了"可以互相转化：赢了美国队，打败了美国队。

当然英语中有些动词的语义外延范围也相当大，搭配能力相当强。如 wear，《现代英语朗文词典》解释是"to have (esp. clothes) on the body"，也就是说无论什么东西加在身体上的都可用，因此意义很广，不仅有 wear a coat（穿衣服），还有 wear watch（戴手表）、wear a pair of spectacles（戴眼镜）、wear beard（留胡须）、wear hair（留头发）、wear a pistol（佩带手枪）、wear perfume（抹香水）、wear a smile（脸带笑容）。再如，attend，词典的意义是"be present at"，因此，attend a meeting，attend school，attend college，attend a lecture，attend church，attend a wedding 都可以，而汉语则用不同的动词：参加会议、上学、读大学、听讲座、上教堂、出席婚礼。

（二）词的引申性

词汇搭配范围和词汇义项多少有关。一般说来，义项越多，搭配能力越强。而义项多少，又取决于该词的引申能力。英语单词的平均义项超过汉语单词，英语单词的引申转喻能力强于汉语单词，如果这样的话，英语单词的搭配能力似乎也应强于汉语。例如，英语中 soft 的常用搭配有 soft soil，soft skin，soft light，soft outline 等，soft 能和这么多词形成搭配和其基本义、比喻义比较多有关系：细软的土、柔嫩的皮肤、柔和的灯光、模糊的轮廓。再举些形容词的例子，light (shoes / tap / shower / mist / sleeper)：轻便的鞋、轻拍、小阵雨、薄雾、睡得不沉的人。strong (stick / muscles / feeling / tea)：结实的手杖、强健的肌肉、强烈的感情、浓茶。

英语中不少形容词的搭配能力都非常强，主要原因还是这些形容词引申能力特别强。比如 heavy，基本义是"沉重"和"量多"，因此分别有 heavy (load / blow / work / step / suitcase) 等搭配。但引申出不同词义后，就有下面的搭配：a heavy smoker / drinker 烟／酒瘾子；a mother heavy with child 怀孕的母亲；a heavy foliage 密叶；a heavy day 繁忙的一天；a heavy schedule 排满的工作表；a heavy thinker 思想深沉者；a heavy reader 文笔单调的作者；a heavy politician 政治要人；a heavy father 严父；heavy reading 冗长乏味的阅读；a heavy sea 波涛汹涌的海面；a heavy sleep 沉睡；heavy food 难以消化的食物；heavy news 令人忧愁的消息；a heavy heart 沉重的心情；heavy police guard 警察的戒备森严；heavy applause 热烈

的掌声；a heavy fate 悲惨的命运；heavy sorrow 折磨人的悲哀；a heavy sentence 严刑；heavy odour 强烈的气味；heavy 谎言的报道；a man with heavy features 粗眉大眼的人；a weather 阴沉的天气。

　　动词同样如此。英语 kill 这个动词的引申意义就要比汉语"杀"多，因此搭配范围也大，如除了基本意义搭配 the disease kills children（杀死了），还有下面的搭配：Garlic will kill the taste of the meat（破坏了）/ He kills time at the park（消磨）/ His joke nearly killed me（笑死了）/ The mistake nearly killed his chance（毁掉了）/ The committee killed the motion（否决了）。

　　当然，汉语也有不少单词，其引申意义很多，如"开"有 19 个意义（根据《现代汉语词典》）。除基本意义外，不少是引申意义，因此搭配非常广:（1）开门、开锁、开箱（使关闭的东西不再关闭）；（2）开山、开路、开井、开发、开辟（使不相通的两处接通）；（3）开学、开工、开会、开市、开业、开演、开动（从静止到开始运作）；（4）开矿、开工厂、开医院、开发票（使无到有）；（5）开车、开枪、开飞机（启动，使某些部件不再连接）；（6）开戒、开禁、开斋、开除、开拔（使不再连接、取消禁令等）等。而英语对应词"open"就没有这么多的引申意义。因此汉语"开"的 6 个搭配，英语有的可以用 open，有的则用其他词：open the door / the lock / the box; cultivate a mountain, cut out a path, dig a well; begin school, work begin, the meeting begin; open up a mine, run a factory, run a hospital; drive a car, open fire; lift a ban, dismiss a worker, break one's fast, set out.

　　英语词语搭配体现了两面性。一方面由于词的引申能力强，因此一些词具有很强的搭配能力；另一方面词的选择性限制多，因此不少词表现出搭配的专一性，如汉语中"大"可以和任何事物搭配，几乎没有什么限制，而英语中相应的搭配受到选择性限制，必须分别用 big、large、great 等。根据 LOB 语料库，和 big 搭配主要是描述具体物体大小的物理属性，因此有 big rocks / man / car / hand / house / school / country 搭配，和抽象词搭配只有 demand / meeting / success。和抽象词搭配大多用 great，如 great deal / importance / variety / interest / hospital / detail / help 等。而 large 一般和数量词搭配较多，如在 LOB 语料库中，按频率这些词分别为：number / quantities / sums / majority / audience / proportion / amount / supply /

buildings / school / country，其中只有 audience 和后四个词不是数量词。

英语搭配不仅受到词的影响，而且还受到句法结构的影响。英语中有 take heart / courage / fright 的搭配，但如果换成 what we took was heart / courage / fright 或 the heart / courage that he took was indicated by his reaction 这样的搭配就不行了。

搭配能力强源自英语单词引申能力强，搭配限制性多又和英语范畴化较细有关。细微的差异都有专门的词创造，这就是为什么英语有大量同义词的存在，如英语同义词 tremble 和 quiver，都是"颤抖"意义，但 tremble with fear, quiver with excitement 不能互换，而汉语可以说害怕得发抖、激动得发抖、冷得发抖。

一般说来英语中高频词（多为基本词）引申能力强，因此搭配范围要大一些，限制性小一些。例如，就颜色词而言，red, black, white 都是基本词，引申义多，因此和汉语中颜色词一样，只要语义上行得通，和任何事物都可以搭配。但 blond（金黄色）是非典型基本词，搭配就有了限制。我们可以说 blond hair，但不说 blond dress 或 blond beach。而汉语"金黄色"的搭配受限制就小得多了。再如"变质腐坏"，汉语可以用它描写任何食品，但英语 fruit / fish 的"变质腐坏"须用 rotten；butter / bacon 的"变质腐坏"须用 rancid；meat / fish 的"变质腐坏"用 putrid；milk 的"变质腐坏"用 sour，搭配各不相同。只有用 bad 基本词时，才可以和它们都能搭配：bad fish / meat / milk。

英语 piece 是个基本词，用作名量词时搭配范围相当大：a piece of paper (news, advice, information, luck, bread, meat, thread, wood, glass, coal, work, poetry, music, wallpaper)。但其他量词的搭配就表现出专一性和单一性：a crowd of watchers, a company of teenagers, a circle of friends, a bench of judges, a bevy of young women, a throng of pedestrians, a troop of children, a galaxy of writers, a multitude of people, a flock of sheep, a herd of cattle, a pack of wolves, a pride of lions, a school of whales, a swarm of bees 等。

同样是复数群体量词，汉语的"一群"搭配几乎没有任何限制，也就是说，"一群"可以和人或动物搭配，可以说一群人 / 妇女 / 朋友 / 作家 / 行人 / 孩子等，也可以说一群羊 / 牛 / 狼 / 狮子 / 鲸鱼 / 蜜蜂 / 鸟 / 蚂蚁等等。但和英语恰好相反，在表示单数可数意义时，汉语则用不同的量词：一片面包、一杯水、一匹马、一位客人、一条鱼、一员大将、一头牛、一所学校、一间房子、一扇门、一辆车、一架钟、一艘船、一粒米、一朵花、一味药、一个人、一张纸、一根线、一头猪、一座山等。

(三) 词的笼统性

词汇搭配能力和词的笼统性有关。一般说来，一个词尤其是动词越是笼统，越是虚化，搭配能力就越强。英语中把这种词称为 delexicalized words，即非词汇化词语或虚化动词。英语中的 do，make，take 等动词，本身几乎不再具有明确的词语意义，通常与名词搭配使用表示一种行为，而不产生什么影响或创造什么。汉语中对应的词有"打""搞""做""弄"等。这些高频动词，语义较弱，甚至本身没有非常具体的意义，其意义通常是通过与其搭配使用的名词表现出来，如 make an amend, make a compromise, make a adjustment, make difference, make a choice, make an arrangement, make a decision, make a contribution, make a sacrifice, make reparation, make a change, make a guess.

这里的 make 的语义内容几乎丧失殆尽，其构成的词组意思表达的就是后面名词意义，相当于 amend, choose, decide, contribute, arrange, adjust, sacrifice, compromise, change 等。

再如，打靶、打扮、打场、打道、打铁、打针、打水、打酒、打点、打斗、打赌、打工、打鼓、打鼾、打毛衣、打官腔、打白条、打交道、打埋伏、打招呼、打赤膊、打草稿、打哈欠、打主意、打头阵、打算盘、打哑谜、打折扣、打游击、打退堂鼓。同样，英语中 do，make，play，take，have，give 这些笼统虚化词，其搭配能力相当强。例如，do chemistry（从事）、do shopping（买）、do all one can（竭尽）、do honour（致敬）、do favour（帮忙）、do one's nails（修剪）、do the dishes（洗刷）、do the room（收拾）、do the problem（解决）、do one's lessons（预习）、do the lawn（平整）、do the teeth（刷）、do the hair（理发）、do the flowers（插）、do ironing（烫）、do an article（写）、do damage（造成）、do housework（做）等。

我们可以看出，do 和汉语"做"有相似之处，如 do research（做学问）、do housework（做家务）、do business（做生意）、do cook（做饭）、do sewing（做针线）、do manual work（做工）等。

虚化动词的搭配，不仅仅表现在其可能的搭配意义上，还要看其搭配频率。我们观察到，汉语由虚化动词搭配而成的词语或词组都进入了核心词汇，进入了书面语体，而英语由虚化动词除 make，do，have，get 等搭配而成的短语较难进入正式的书面体，在口语中使用较多。

（四）词的语体性

词的搭配能力和词的语体也有关。一般说来，词的语体越低，如接近非正式语体和口语语体，那么该词的义项越多，搭配范围也就大，反之亦然。我们比较英语当中的短语动词和表示相应意义的单纯动词：look over—review, bring up—educate, catch on—understand, put down—suppress，前者源于 Anglo-Saxon 本族动词（主要表示人体活动的动词）加上表示方向的介词或副词。这些词具有朴素、亲切的感情色彩，在非正式和口头语体中出现较多，因而搭配范围较大。而后者来自拉丁语和法语，在正式语体和书面语体中使用较多，具有比较精确严格的词义范围，一般来说，搭配范围要小一些。例如，put down 和 suppress 都表示"平定"：put down / suppress a rebellion（平定叛乱），但是 put down 的搭配范围要大得多：put down the arms（放下武器）、put down eggs（储藏鸡蛋）、put down the gossip（制止流言）、put down the mighty（贬低强者）等。这里 put down 表示的语义，单个动词要用 suppress, reduce, write down, place, round 等来表达。

不仅仅是短语动词，单个高频动词也是如此，如 hold, run, turn, break, put, set 语体意义不高，词义宽，搭配强。catch 的搭配：catch a ball（take hold of）接住球、catch a deserter（capture）抓住逃兵、catch the train（reach in time to board）赶上火车、catch cold（be infected with）患伤风、catch one's words（hear accurately）听清……话、catch one's meaning（comprehend）理解……意思、catch one's breath（hold back）屏住呼吸、catch one's eye（attract）吸引眼球等。

现代汉语的词汇语体总的说来要比英语低一些，非正式词语大量运用于报刊，甚至政治学术刊物，词的笼统性和概括性也要大一些。那么这是否可以说汉语词的搭配能力要强一些？

（五）词的语义韵

语义韵（semantic prosody）是指一个词和另一个词共同出现时的语义氛围或习惯性地和某些具有相同语义的词语共现，其中有积极语义韵、消极语义韵、中性语义韵等。如果一个词的语义韵越宽，即同时具有消极和积极的语义韵，搭配的范围就大，而如果一个词的语义韵只有消极的或只有积极的，搭配范围就小。

一般说来，具有积极意义的词要比具有消极意义的词有更强的搭配能力，如 enjoy 和 suffer，前者的搭配范围就要比后者大得多。经调查表明，任何一对意义对立语素，凡是具有积极意义的语素／词都比具有消极意义的语素／词的搭配能力强。7个积极语素／词搭配构成的词语，汉语共有 677 个，英语共有 508 个；而7个消极语素／词搭配构成的词语，汉语只有 336 个，英语只有 304 个。

尽管这是语言共性，但相对英语来说，汉语词的语义韵似乎更宽些。例如，"职业"，汉语中可以说好／坏的职业、理想／不理想的职业等，但英语中对等的 career 只有积极的语义韵，如只受下面这些形容词修饰：successful, glittering, distinguished, promising, brilliant, remarkable, international, professional, writing, teaching, musical.

这些搭配的词都说明了英语中的 career 是受人尊重，具有较高社会地位的事物，至少英语语料库中没有发现用具有消极意义的形容词修饰。

再如汉语中的"影响"，可以说"留下好的影响"，也可以说造成"恶劣的影响"，而英语中的对应的 influence 和 effect 尽管也都有积极和消极的语义韵，但在实际使用中，influence 和 great, profound, wonderful, marked, powerful, significant 这些积极和中性的词搭配多一些，而 effect 则和 greenhouse, negative, side, devastating, adverse, detrimental 这些具有消极意义的词项搭配使用。

这说明英语中的同义词分工比较细，可以分积极和消极或中性的。同样是"发生的事情"，英语中有 incident, event, happenings, occurrence. 例如，incident 描写发生的疾病、故障比较多：have an incident of the disease（stroke, bleeding, injury, infections, cracking, disruption, defects, poisoning）. 而 event 指重大的、积极的事情，所以有 celebrate（commemorate, mark）event，有 great（important, historical, epoch-making, outstanding）event.

总结上面分析，我们认为尽管英语单词的平均义项要大于汉语单词，引申比喻能力要大于汉语单词，但汉语词语的外延较大、话体较低、词义较为笼统，因此搭配能力相对要强些。王宁认为，汉词的意义容量极大，与别的词发生关系时结构的能量自然也就很大。

二、语言结构

（一）构词方法

汉语的构词方法总体来说是分析性的，即利用现有的语素相加的方式来构成新词。也就是说，对新事物或新概念的命名，采用在表示类属的上义词（概括词）前加上表示种差或区别特征的词来构成新词。上义词的概括性大，因此这种偏正结构造词方法也影响词与词的搭配：词语搭配宽松，范围宽广。

例如，汉语的上义词"汤"，前面加上"西红柿""牛肉""人参""药"等，就可以有西红柿汤、牛肉汤、人参汤和药汤等，即使这些汤有所不同，有的很稀，如水；有的很稠，如粥。而英语表达这些"汤"不是用上义词，而是根据不同的质地和特征，用具体的下义词语，形成不同的搭配：tomato soup，beef broth.

再如汉语中说"卫生"，用了这个上义词，前面加上不同的修饰语，就可指不同的卫生：个人卫生、公共卫生、环境卫生，但英语认为这些卫生有所不同，应当用各不相同的词，形成了不同的搭配：personal hygiene，public health，environmental sanitation 等。

汉语上义词"环境"，可以和自然环境、社会环境、舒适环境搭配，但英语根据不同的环境，分别用 natural 和 social 与 circumstances 搭配表示自然环境和社会环境，用 comfortable surroundings 表示舒适环境。

当然，这样总结不是绝对的，也存在相反的情况。例如，英语的 case 在形成复合词时搭配能力也相当强：cigarette case, glass case, pen case, book case, show case, egg case, suitcase, packing case, pillow case, dressing case, knife case，而汉语中它们对应的意义则用不同的词搭配：香烟盒、眼镜盒、铅笔盒、书柜、陈列柜、鸡蛋箱、手提箱、包装箱、枕套、化妆袋、刀鞘。

（二）语言类型

词语搭配能力强弱和词语受语法语义制约的程度有关。汉语是主题突出型语言，即汉语句子的句首成分在很多情况下，只是一个话题，因此在话题和谓语动词之间，受语法语义的限制较少，如既可以说"老张开来一辆坦克车"，也可以说"街道开来一辆坦克车"；既可以说"吃了半个鸭子"，也可以说"鸭子吃了半个"；既可以说"政府要加息了"，也可以说"明年要加息了"，这样的搭配汉语没有问题，但英语不行。英语是主语突出型语言，主谓之间有严格的语法和语义关系。也就是说英语中的谓语动词对主语的要求很高，如要求是有生命的主语，就不能和无生命的事物搭配。

汉语里有这样一种现象，某些原来和主语形成语法语义关系的动词，由于经常和某个话题共现，于是就省略了主语，和话题直接对接，逐渐就扩大了其语义范围，和某个话题形成了较为固定的语义关系，以至一般人很难再觉察到有任何"怪"。

我们国家的建设事业需要的不仅仅是工程师和科学家。
China in her development needs not only engineers and scientists, but talents of different kinds.

这句话按正常的语义关系应当是"我们需要"或"国家需要"，也即"在建设事业中，我们国家需要的不仅仅是工程师和科学家"。但"需要"经常和"斗争""事业"这样的主题共现，直接搭配，因此"事业需要科学家"也被接受了。但英语中这样的搭配不行。英语是说"a country needs sth"。

教学科研取得了长足的进步。
You have made great progress in teaching and researching.

"取得"的逻辑主语应该是"人"，但汉语当中出现"教学科研取得进步"在不断地使用中已经被接受了。而英语中 make progress 的搭配要求则是有生命的人。因此"Your teaching and research has made good progress"是不可以搭配的。同样汉语"同敌人的斗争取得胜利"并没有什么问题，但英语不能说"Our struggle against the enemy has won victories"，而应当是"We have won victories in the struggle against the enemy"。

从另一个角度来解释，就是拟人化的表达。汉语中只要和人活动有关的因素，如人活动的地点、时间和工具等都可以用来和与人搭配的动词搭配，结果形成拟人化表达，如"全世界比以往任何时候都更加感到中国的存在""大多数高校已将权力下放给系主任""明年将出版更多的儿童读物"。英语当中这样的拟人化表达只出现在少数几个动词应用上，如 witness, see, find, seize, bring 等。因此上面的表达，英语还是强调主谓语法语义的搭配，如"Her presence is felt, more than ever, all over the world" "The decision-making rights have been given to the department head in most colleges" "More books for children will be published next year".

同样，汉语中可以说"有一种观点认为……"，观点和人有关，把"持这种观点的人认为"减缩为"有一种观点认为"形成拟人化表达。但英语不能这样搭配，只能按正常的语义关系来表达，如"a view is held that ..." "people hold the view that ...".

这说明，主题突出型语言或拟人化表达使得汉语谓语搭配表现出相当的灵活性，一个动词既可以和有生命的搭配，也可以和无生命的搭配，可以同时与正面词和反面词搭配，也可以同时与抽象事物和具体事物搭配。

(三) 语义关系

英语词语搭配尤其是动宾搭配不仅受语法关系的制约，同时也受语义关系的制约。所谓语义关系是指句子成分之间在语义上的相互关联。Chomsky 的"Colorless green ideas sleep furiously"句子就说明了句法的正确性并不保证语义的可行性。在动宾关系上，语义就是指动作与施事、动作与受事、动作与工具之间的逻辑联系。我们注意到汉语谓语和宾语之间的搭配有时并不遵守语义关系，因此形成不可思议的搭配，如"吃饭"和"吃食堂"，一个符合逻辑，一个没有逻辑可言：食堂是不能吃的。同样"打扫房间"和"打扫卫生"，一个具体，一个抽象。而"打扫垃圾"和"打扫卫生"，意义上一正一反，竟也用同一个动词。同样"救人"和"救火"、"养生"和"养病"、"请罪"和"赔罪"、"谢恩"和"谢罪"、"抢亲"和"抢险"等等，这种搭配也难以想象，前者合乎语义逻辑，后者难以从字面来分析。还有"晒被子"和"晒太阳"，也难于理解。

我们应该看到在使用语法结构（如主谓、动宾和偏正等结构）体现语义关系时，汉语更多地倾向于意合和语境。汉语是一种分析型语言，意思的表达大多是依靠短语、句子来表达的，而表达又倾向于简约。恰如吕叔湘说的"汉语是比较经济的，能用三个字表示的意思不用五个字，一句话能了事的时候不说两句""尤其是在表示动作和事物的关系上，几乎全赖'意合'，不靠'言合'"。而意合就是通过语境来弥补语法形式上的简约。在交际中，人们往往是突出话语中比较关键的词语，把一些无关紧要的语义部分加以简约处理，让听者或读者根据双方的共识和语境的提示去领会。

叶蜚声、徐通锵曾举了一个例子，他们说："比方'谢幕'这个词概括了剧场里一种常见的热烈场面，很难用一句话清楚而确切地表达出来。①《现代汉语词典》对它的解释是：'演出闭幕后观众鼓掌时间，演员站在台前向观众敬礼，答谢观众的盛意。'这个定义里面，'演出、闭幕、观众、鼓掌、演员、台前、敬礼、答谢、盛意'九个词也各自概括了好多内容，需要作详细的解释。'谢幕'这个复合词舍去了许多细节，只抓住'谢'和'幕'两点，控制一片，概括地指整个场面。"②尽管这样组合的词语不合逻辑，破坏了正常的语义关系：怎么感谢幕布呢？但在语境作用下，并不影响理解。逐而渐之，这个词语就固定下来了，成为约定俗成了。因此，这样的搭配归根结底是语言交流经济趋简的结果。救火、谢罪、吃食堂、吃父母等都是"失火现场进行灭火和救护工作""向人承认错误，请求原谅""在食堂吃饭""靠父母吃饭"的缩略表达，都是把动作和动作原因、地点或结果等几个概念整合在一个空间里，浓缩在一个词里。

汉语中这样的搭配之所以比较多，动词对名词的限制条件之所以比较宽松，而且在汉民族文化背景下不会产生误会，是因为汉语是一个高语境、重意合的语言，词语的搭配可以更多依靠单个语素（字）表现出来的意义和由此产生的语境的提示，而不是语素之间表现出来的语义上的逻辑性和语法上的完整性。作为一种意合性的语言，汉语的主要优势就是在表达中可以突破线性的主谓、动宾语法结构形式，抓住最能表达意义的语素直接对接、组合成词或短语。动名结构是汉语中最基本的话语结构，在这个框架中代表动作的动词是主要的，动作所蕴涵和涉及的事件如实施者、对象、目的、工具、原因、结果、处所等都是在一个操母语者的知识范围内，因此出现任何一个语素与该动词搭配时，他们就能根据自己的体验和已知规律，自动处理配对，辨认出该语素是动词的施事、受事、目的、工具、原因、结果还是处所等，而无须依靠句法关系。因此当我们说考大学、考博士、考学生、考数学等，人们自然知道这里"考"的分别是目标、对象、原因等。当出现模棱两可，难以确定时，语境就发挥作用。例如，"考研究生"这个搭配

---

① 叶蜚声、徐通锵.语言学纲要 [M].北京：北京大学出版社，1997.
② 中国社会科学院语言研究所词典编辑室.现代汉语词典 [M].北京：商务印书馆，2016.

隐含两个完全不同的意义。(1) to take a test to become a postgraduate; (2) to test a postgraduate student. 但在主语确定的情况下（学校或学生），理解只能是一个。显然，汉语一个动词有这样广泛的搭配，其原因就是"考"激活了相关的动词知识图式，在这样的认知语境下，无论是编码还是解码就都变得简单多了。我们再仔细分析一些这类特殊的动宾搭配，发现都有这一条原则在起作用。

（1）action+cause：泡病号（shun work on pretence of illness）、养病、抢险、偷懒、赔罪、逃荒、换季、愁经费。这类词语是原因宾语性的。用正常逻辑应当是"由于生病而休养""因懒惰而偷着休息""由于得罪他人而向其赔礼道歉""因灾荒而出逃""因为经费而发愁"。

（2）action+instrument：吃大碗（eat with a big bowl）、哭鼻子、跳伞、打针、写毛笔、烤火炉和说英语等。这类词语是把工具作为宾语，如用大碗吃饭、哭时用鼻子抽泣、依靠降落伞人从高空往下跳、用针头把注射液打入体内。

（3）action+metonymy：吃父母（live on parents）、坐出租、喝龙井、抽中华、闯红灯等。这类词语是借代宾语，如父母代父母的饭、出租代出租车、中华代中华牌香烟、龙井代龙井茶、红灯代有红灯标志的路口。

（4）action+place：吃食堂（have one's meals in the cafeteria）、叫门、谢幕、写黑板、冲锋、战上海等。这类词语是处所宾语，如"叫门"是在大门外叫主人开门；"吃食堂"是在食堂吃饭；"谢幕"就是演员在幕布前向观众致谢。

（5）action+aim：排戏票（line up for theatre tickets）、打扫卫生、考研究生、跑项目、跑官等。这类词语是目的宾语。因为"卫生""研究生"分别是"打扫""考"和"跑"的目的。

（6）action+agent：看医生（doctor check the patient）、晒太阳、闹贼等则是施事宾语，也就是说，"医生""太阳""贼"是动作的施动者。

（7）action+manner：写大楷（write in a large character）、存活期（put money on deposit）。这里的宾语实际上是表示方式。

（8）action+time：帮忙（give assistance when one is busy）、拜年等，其宾语相当于表示时间的状语。

毫无疑问，英语的语义信息处理也是如此，一个动词的潜在语义搭配或动作事件域也储存在英语母语者的大脑里。但不同的是，英语搭配必须在严格的句法框架里进行。英语动词即使有相应的知识结构激活，动词和其他成分的搭配还必须纳入句法的轨道里，受语法和语义关系的制约，如上面举例的"吃"的搭配，英语必须用介词来体现动宾之间的关系：吃大碗（eat with a big bowl）、吃食堂（eat in the cafeteria）、吃父母（eat from my parents）。

当然也有省略介词的倾向，如 walk（for）three hours，jump（over）the fence，但这种情况不多。或改用其他动词：吃父母（depend on my parents for food）。再如"打扫垃圾"是 sweep away rubbish，"打扫卫生"就是 cleaning；同样，"晒被子"用 air a quilt，"晒太阳"是 bask in the sun. 至于恢复可以用"restore"或"regain"等词来搭配表达：regain / restore one's health，resume talk，restore order，return to normal，recover conciousness，regain composure. 从语义关系看，英语的动宾搭配比较严格，而汉语就比较宽松。主要原因还是英语构词造句是语法性的，而汉语构词造句是语义性的。为此，王寅指出"汉语及物动词后所接名词的用法和含义比起英语的'宾语'依旧要宽广得多，它们在英语中往往不用宾语来表示，常用被我们习惯称之为'状语'的句法成分，这就出现了一个术语错位的问题：西方语法中的宾语与汉语动词后所接名词，在两种语言中有着不全等的表意和语用功能"，考虑到这一点，可以"将汉语中动词后接的名词短语叫做'动名词短语'，它包括相当于英语的'宾语和状语'等语法成分，这样就可摆脱英汉语'宾语'的困扰。"[①]

三、修辞习惯

一个语言的词语搭配习惯同修辞习惯有关。如为了达到某种修辞效果，不惜同义反复，那么搭配得就比较宽松，反之亦然。汉语词语搭配中的同义反复现象是十分普遍的，而英语中很少有这样的搭配。

一个很重要的原因就是汉语在修辞上追求音律整齐有，如"桌""椅""石""尾""虎""傻"单个词不使用，就是因为它们不上口。而加上一个虚词"子"，或"巴"，或"头"，或"老"，或"气"，变成双音节词，就好听了。这也就是为什么杨指导、胡队长、小伙子在口语中都变成了"杨指""胡队""小伙"。在说"外国语""小学校"时压缩为"外语"和"小学"；在回答对方询问年龄时，十岁以

---

① 王寅. 构式语法研究 [M]. 上海：上海外语教育出版社，2011.

内,是数字加岁,如一岁、两岁;而十一岁以上,只说数字,不加岁,如十一、十二。仅仅、刚刚、偏偏、悄悄、试试等重叠词的出现也是这个原因。追求双音节词必然会造成词义的重复:道路、墙壁、思想、声音、群众、头脑、房屋、停止、选择、寻找、保护、传播、惩罚、打击、诚实、善良、陈旧、潮湿、平稳、差错、灿烂等。

也就是说,汉语词汇中的"双音词化"倾向和均衡工整的美学观在很大程度上造成了汉语词语搭配中大量同义反复的现象。再如我们说"这个意见很好"的时候,这个"很好"不一定比单说"好"要强多少。在"应该倾听群众的意见"句子中,"倾听"也不一定就比"听"的分量更重,主要还是从节奏音律上考虑。正如王菊泉说的"添加程度副词在不少情况下主要是出于平稳音节的需要,换言之,添加上去的程度副词本身并不表示多少意义"。再如"天气相当干燥和寒冷"和"天气相当干和冷"是一个意思,但节奏上我们选择前者。

追求双音词的结果必然是四字短语。它们两两组合、平仄交错、抑扬顿挫、和谐悦耳。但追求形式和音律整齐的代价是同义反复。例如,我们说"这种飞机体积不大,价格便宜",不说"这种飞机小,便宜",尽管"体积不大""价格便宜"是同义反复(英语就没有这种重复:This plane is small and cheap)。再如不少四字成语"甜言蜜语""千姿百态""深思熟虑""唉声叹气""争先恐后""安营扎寨""咬牙切齿""亲眼目睹""风调雨顺""冰天雪地""四平八稳""强弱分明""土里土气",前两个词和后两个词的意思是一样的。

为了追求音节整齐的效果,说"恶毒"一定要说"恶毒至极",讲"完好"也要说"完好无损""完美无缺"。这"至极""无损""无缺"并没有什么进一步的意思,这种搭配完全是为了语音上的顺口。

还有"加以、给予、进行、从事、实施"这样的动词,在和"研究、调查、打击"等词语搭配时,这些动词原来的词汇意义已经明显地弱化了,因此在某些句子里把它们去掉并不影响原句的意思。之所以有这样的搭配还是从节律上考虑。

还有下面这种偏正搭配所出现的同义反复也无不是追求音韵整齐的结果,如"过去的历史""胜利的凯歌""未来的前景""最后的结局""通常的习惯""古老的格言""毫无根据的捏造""不切实际的幻想"。

对于汉语中这样的同义反复或无义增添的搭配现象,潘文国总结说:"语义让步于节律。汉语的构词造句，不完全是出于意义上的需要，有的时候，甚至可以说更多的时候，节奏上的考虑似乎更加重要。"

显然，英语则没有这样的搭配。英语中为追求音律美和形式美，也讲究词语的同义反复和词语成双，如 "heart and soul" "wail and weep" "safe and sound"，但英语是一种理性的语言，在本质上最忌同义反复，文字堆砌。它讲究的是言简意赅。

汉语中"大家一致感到""合在一起""彻底粉碎""不切实际的幻想""毫无根据的诽谤""明确的决定""完整的部分""基本的先决条件"不成问题的搭配，在英语中成了问题。"thoroughly smash" "ground less defamation" "impractical illusion" "definite decision" "essential prerequisite" 这种搭配在英语中被视为一种冗余信息的同义反复。

四、认知方式

词的搭配和不同民族认知方式有关，如英语和汉语都说 a motor runs——汽车跑，但法语则说 Le moteur marche（汽车走）。汉语的"喝"和英语的 drink 只和水、酒、液体搭配，但在日本语和阿拉伯语中，香烟也是"喝"的。汉语"大"范畴包含形体（大字、大山）、范围（大规模、扩大）、程度（大风、大雨）、声音（大声、大叫）、排行（大哥、大嫂）、地位（大人物）等，而英语"大"的范畴就没有这样大的外延。汉语中许多词语需要用"大"搭配使用，而在英语表达中则是用其他词语。例如，英语中"大哥"是 elder brother，"大雨"是 heavy rain，"大问题"是 major problem，"大提高"是 marked improvement，"大错误"是 serious mistake，"大成本"是 high costs，"大笑"是 broad smile。可见汉语对事物范畴化时倾向于形体的描写和搭配，而英语从强度、高度和顺序等更多的角度进行范畴化和搭配。

在关于知识方面，英语的 BNC 语料中和 knowledge 搭配的频类最多的 5 个动词依次是 acquire, impart, extend, gain, possess，而汉语中经常说的"学习知识""给予知识"和"教授知识"，在语料库中没有 learn knowledge, study knowledge, teach knowledge, give knowledge 的搭配。这里就反映了不同的概念和认知方式。英语的 knowledge 是靠自己去获得（acquire）的，教师作用是指导和鼓励，不是"教"，而是把自己已经得到（gain）的知识让学生分享（impart），因此，学生不是"学"知识。而汉族人从孔子时代到现代，都是把教学看成是从教师那里学习知识的过程。知识是教师给予的。

另外，在健康方面也是如此。BNC 语料中和 health 搭配的频类最多的 5 个动词依次是 improve, promote, damage, affect. 而汉语中常说的拥有健康、保持健康、失去健康，在英语语料库中没有发现有 possess health, maintain health, lose health 的搭配。显然汉语是把"健康"当作和金钱一样的财富，可以拥有、失去。但英语显然是当作一个过程，去改善（improve）、提高（promote）和影响（affect）。

汉语中有嫁错（了人）、打错（了电话）、走错（了房间）、给错（了药）这样的词语搭配。这里除了双音化的影响外，把动补成分合在一起表达，是否还有把结果归咎施动者的认知观念？而英语则是把"错"和人、电话、房间和药搭配：She married a wrong guy. He dialed a wrong number. He entered a wrong room. He took wrong medicine. 这是否暗示人、电话、房间和药有一定的迷惑性，导致施动者的错误，从而减轻施动者的责任？

可见搭配反映了特定的范畴化方式。对于同一事物，有的民族倾向于隐喻性范畴化，有的用非隐喻性范畴化，搭配也会不同。例如，汉语说"反映问题"是一种比喻，让他人了解问题就好比是让他人从镜子中看到反映的物体，强调反映的真实性，而英语就没有这样的比喻，他们不认为反映的东西是完全真实的，所以不是"reflect the problem"，而是"inform sb. of the problem"。汉语中还有许多隐喻性表达，如背黑锅、避风头、唱对台戏、打小报告、翻老账、揪辫子、赔笑脸、泼冷水、抓把柄、走老路、穿小鞋等，这些在英语中是没有的。

第五节　英汉词汇学习的注意点

了解英语词汇特点的目的是更有效地掌握词汇的用法。中国学生在学习英语的过程中，非常注重词汇的学习，这当然是非常必要的，但是不少人在认识上存在着误区，认为学习词汇就是扩大词汇量，就是记住每个词在汉语中与之对等的词义。其实，词汇学习要突出重点，要讲究行之有效的方法。学习者至少应对以下三个方面给予关注。

一、注意小词的学习

一些学生花费大量精力去记忆长词、大词，却忽略对小词的掌握。实际上小词的学习更为重要。英语中所谓"小词"指的是一些短小精悍的常用词，其中大部分是单音节词。这种词具有一词多性和一词多义的特点，其使用范围广、表意丰富、搭配灵活。

英语中的小词最为活跃的当属介词。大多数介词的初始意义都是形象鲜明的空间概念。在空间概念的基础上引申出许多新的概念，这就是介词的隐喻性用法。介词的许多用法都是隐喻性用法。例如，"The invitation was beyond all my expectations."（这一邀请是我完全没有料到的）以上的例子中的介词"beyond"的原始意义是表示空间的，为"在……那边"，引申后，表示"超出……能力"，既简洁又生动。类似的介词用法还有很多。以下列句子为例说明。

（1）He lives beyond his income. 他生活入不敷出。

（2）Between astonishment and despair, she didn't know what to do. 既惊奇，又绝望，她不知如何是好。

（3）The only thing we are after is truth.（seeking after）真理是我们的唯一追求。

（4）There is something behind his suggestion.（hidden behind his suggestion）他的建议背后有名堂。

（5）He has three people working under him. 有三个人在他的手下工作。

（6）He has something of scholar about him. 他身上有某种学者的气质。

以上各例中的介词与其后的名词组合之后，在空间形象的基础之上产生了隐喻性用法，这样既丰富了介词的词义，又使表意新颖、生动形象，做到了用浅显表现深奥、用具体表现抽象的表达。

介词虽然数量有限，但是作为英语中的主导词类，在遣词造句中发挥着极为重要的作用，应该成为词汇学习的重点。

二、掌握熟词新的意义和用法

学习者试图多认知新词当然是应该的，但是，绝不能忘记掌握熟词新的意义，特别是熟词所形成的新的组合。每个学习者都知晓不定代词"something"（某事、某物），"everything"（每件事、每样事物）的意义，但是，见到"Theory is something but practice is everything."这样的句子，就会有学习者感到疑惑，这是因为他们对这两个熟词、常用词的意义的了解是肤浅的、不全面的，不知道"something"还可以表示"重要的事"，everything可以表示"最重要的事"。再以"thing"这个词为例，许多学习者都认为已掌握了该词，实际上由"thing"为中心词构成的组合不少人都不能熟练应用。现仅举几例说明。

（1）Many youngsters now surf the net because it is the thing to do. 现在许多年轻人都在网上冲浪，因为这是一种现代时尚。

（2）Cheap computers, faxes and phone calls will make commuting to work a thing of the past. 由于有了廉价的电脑、传真和电话，人们将来有一天可以在家办公，从而使外出上班成为历史。

（3）I can't go. For one thing, I have no money, and for another, I have too much work. 我去不了，一则我没有钱，二则我工作太多。

（4）Whatever we do, we can not be all things to all men. 我们不管做什么，都不可能使人人都满意。

以上各例中那个简单的而且人人都熟悉的词"thing"可以构成这么多的表达方法，确实值得我们仔细探究。有些常用的动词也有我们所不了解的意义与功能。以下面几个句子为例进一步说明。

（5）As the saying goes: "Practice makes perfect." 正如常言所说："熟能生巧。"

例（5）中的"goes"用得巧妙、得体、地道，正因为是常用的缘故，中国学生在表达时倒容易忽略了它的作用。

（6）Modern myth has it that on Christmas Eve when the children are asleep, Santa Claus comes silently down the chimney and puts presents in their stockings.

按照现代人虚构的说法，圣诞夜里，孩子们都睡着了，圣诞老人会悄悄地顺着烟囱下来，将礼物放在他们的长筒袜里。

例（6）中"has"是熟词，但是不少学生不知道它这个新的意义和用法。"modern myth has"显然比"according to modern myth"更有英语的韵味。

（7）Professors expect students, especially graduate students, to be able to exhaust the reference sources in the library.

教授们希望学生，尤其是研究生，能充分挖掘利用图书馆的资料。

例（7）中的动词"exhaust"，中国学生对其常用意义比较熟悉，而容易忽视或根本没有注意到例中所表达的意义。

从以上各例的分析中，我们可以看到中国学生对不少所谓的"熟词"的理解和掌握还是浅层次的。其实，越是常用词，词义越丰富，用法越复杂，越能派上大用场，所以学习者应该将焦点集中在常用词的学习和掌握上。学习者普遍使用的《朗文当代英语辞典》中，用来释义和示例所用的词汇总共只有2000个，用这2000个最常用的词就能把5万多词条及短语的意义和用法解释得清清楚楚，这足以说明常用词的威力，这也说明学习者有必要下功夫掌握英语的常用词。

三、关注词语的搭配

学习词汇时，仅仅记忆每个孤立的词的意义是不够的。词的具体的、确切的意义，词的各种不同的用法，只有在与其他词语的搭配组合中才能体现出来。"People know a word by the company it keeps."（人们是通过词的结伴关系来了解词义，掌握词的用法的）这句话成为经常为人引用的名言。

依据这样的观点，词汇的学习就有了一个重要的规则，即只要学习一个新词，就应了解与其常用的搭配结构。例如，学习名词"consideration"就应了解其搭配结构"to take sth. into one's consideration""sth. is under consideration"等。不了解"perform an experiment""conduct an experiment"等常用搭配，就不能说掌握了"experiment"这个词。同样，学习动词"vary"就应熟悉"vary from person to person""vary from place to place"这些常用的搭配。词汇学习的主要内容就是学习词的搭配与组合。不掌握词的搭配和组合而只记忆词的意义是没有多大价值的。在很大程度上，能否较熟练地使用英语，主要取决于能否熟练地使用典型的词语搭配。

词语的搭配与组合是一个比较宽泛的概念。从语言学习的角度来看，大致可以分为三类。第一类为自由组合（free combinations），自由组合一般是一种结构松散的词语序列，该序列的成分能较自由地和其他广泛的词项结合。自由组合具有意义明晰的特征，即由各个成分的字面意义便可以得知整个序列的意义。

以动词"buy"所构成的"v. + n."序列为例就能够说明上述的特点,如"buy a house""buy food""buy a radio""buy a camera"等。

第二类词语组合是成语(idioms)。成语是一种在句法和语义上相当于一个单词的词语组合,其结构相对固定,整体意义与各组成成分的字面意义无关。以"kick the bucket"为例,作为一个成语,其意义为"死亡",这显然不是"kick""the"和"bucket"各成分的字面意义相互作用的结果,也就是说,它的意义是不透明的,而且它在结构上是相对固定的。

第三类为有限组合,与自由组合和成语相比,有限组合有其明显的特点。在自由组合里,词的搭配范围几乎是开放性的,而有限组合的词项的搭配范围却相对较为狭小;成语基本上是一种固定不变的词语组合,而构成有限组合的词项在与其他词项结合时,有一定的自由度,这种组合范围相对狭小的组合才是真正意义上的词语搭配。以名词"proposal"为例(图 2-5-1),英国伯明翰大学的 COBUILD 语料库证据显示与"proposal"一词的搭配动词只有十个左右,这说明 proposal 一词的搭配范围是有限的。

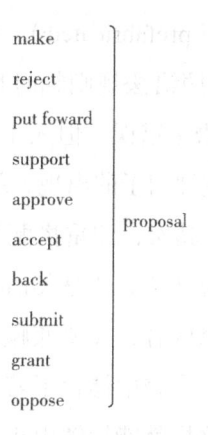

```
make
reject
put foward
support
approve
accept      } proposal
back
submit
grant
oppose
```

图 2-5-1 proposal 的动词搭配

就语义特点而言,词语搭配的有限组合的意义是明晰的。但搭配伙伴间语义上的相互限定关系较强。这种相互限定关系对搭配的整体意义产生一定影响。它不是搭配结构内几个词字面意义的简单相加,如"a heavy smoker"(烟瘾很大的人)、"combination lock"(密码锁)、"pocket money"(零花钱)、"hit the headline"(成为报纸的头条新闻)等搭配,它们不是两个词原义的简单相加,因此其含义也就在一定程度上超出中国学生的预料。这也说明为什么词语搭配的学习对英语学习者来说有较大的难度。

在以上所介绍的词语搭配组合的三种类型中的第三种类型，即有限搭配（restricted collocation）应是学习者关注和学习的重点，因为英语中有限的搭配结构占的比重较大。这种类型的搭配在很大程度上是一种习惯性或常规性的词语组合方式。这就是说它具有因循性（conventionality）。因循习惯受社会文化传统、生活方式的影响。例如，英国人有喝下午茶的传统，因此英语里就有"afternoon tea"这个搭配。相比之下，早上喝茶却不是多数社会成员的习惯，所以英语中就几乎很少有"morning tea"这样的说法。词语搭配也是学术文化习惯的反映，即科技和学术研究人员所遵循的专业习惯用语。例如，在学术英语中要表达"本文""该研究"等意义时要使用"this paper""the present paper""the present study"等搭配，而不用"the paper""my paper""our study"等。虽然后几种用法也符合英语语法的表达方式，但却不符合学术论文的写作惯例。

注意词语搭配的意义何在？首先，它能使学习者语言的表达比较准确。词语搭配是已经预制好了的结构（prefabricated），有的就是固定的套语（formulaic sequences），所以它比学习者按照语法规则临时自造的结构要准确。中国学生直译式的遣词造句，有时虽没有语法错误，但人工痕迹太重。例如，"Smoking can be harmful to people's health."这种句子的出现，就是学习者没有掌握"to do harm to"这样一个搭配结构的缘故。其次，注重搭配结构的学习能够提高表达，特别是口头表达的流利程度。准确流利地表达是英语学习者追求的一个目标。外语的使用者在交际时，既要思考信息内容，又要兼顾语言结构的得体准确，出现压力和焦虑是不可避免的。如果学生头脑中储存了若干作为整体的搭配结构，他在交际时便可迅速将其提取出来，这样就能缓解由于语言内容和结构的原因造成的压力和焦虑，从而提高交际的效率。最后，搭配结构的使用能使英语的表达简练、自然、地道。一些在华任教的外籍教师发现，通常本来可以用一个简单的搭配表达时，中国学生却用复杂冗长的语法结构。例如，"My father had a big operation and he is now getting better"这样的句子就不如"My father is recovering from a big operation"更简练、自然。其所以简练、自然，是因为使用了"to recover from+n."这样一个套语结构。

语言是由两个体系构成的，即以规则为基础的分析体系（rule-based analytic system）和以记忆为基础的套语体系（memory-based formulaic system），所谓的"套语"就是词语的搭配结构。它在语言的表达中发挥着极为重要的作用。学习者在通过阅读吸纳语言材料时，应尽可能将搭配和套语作为语言的基本单位来记忆，而不应将这种结构拆散。输入的语言结构越多，语言输出时就越准确、越流利。

第三章 英汉句法结构的对比与教学

本章主要从四个部分,对英汉句法结构的对比与教学展开详细的阐述,分别为英汉基本句子结构类型对比、英汉倒装句对比、英汉存现句对比、高校英语句法教学策略。

第一节 英汉基本句子结构类型对比

一、句法结构

尤金·A. 奈达（E.A.Nida）认为,世界上所有语言都由为数不多的几个核心句组成,核心句又可变化出无数表层结构不同的句子。[①]"核心句"我们也可称为"基本句型（clause type）"。世界上所有语言都存在一个非蕴涵共性:每种语言都有主语和谓语。这是跨语言对比的基础和前提,只是不同类型的语言之间又存在参数差异。在基本句型的构成上,英汉语是基本一致的。我们先列举著名语法学家对基本句型的分类。

Quirk（夸克）等在 A Grammar of Contemporary English 中,根据动词功能分类,把英语的基本句型分为七类:SV，SVC，SVA，SVO，SVOC，SVOA，SVOO,后来在 A Grammar of the English Language 中维持了原来的分类。但是如果考虑句型中 A 的状语作用,SVA 是介词词组作表语的系表结构句子,SVOA 是主谓宾句型后加状语,他们只能算作由基本句型转化生成的句式,不能算作基本句型,因此我们可以说英语的基本句型共有五种:SV（He left yesterday），SVO（That lecture bored me），SVC（Your dinner seems ready），SVOO（I must

---
① 尹富林,阮玉慧. 英汉互译 理论与实践[M]. 合肥:中国科学技术大学出版社,2007.

send my parents an anniversary card），SVOC（Most students have found this course interesting）。[①]

现代汉语的基本句型、句式似乎还没有建立一个统一的可接受体系。黄伯荣、廖序东主编的《现代汉语》，根据"句子整体的格式"把单句分为主谓句和非主谓句两个子系统。主谓句又是语法研究中的重点所在。主谓子系统包括 SV、SVO、SVC、SVC（N）、SVOO、SVOC 六个基本句型。[②] 其中，除 SVC 演化成两种句型外，其余的和英语基本句型体系基本一致，因此我们可以说汉语也分为五种基本句型。汉语句型中的 V 代表谓语，而谓语不一定是动词。例如：

SV 型：妹妹来了。

SVO 型：他收集了许多民间工艺品。

SVC 型：桌子是木头做的。

SVOO 型：你告诉我你的电话号码。

SVOC 型：微笑使你年轻。

和英语一样，汉语的基本句型可以衍生出许多句式，然后基本句型和句式可以自由搭配、组合衍生出无限数量的句子，根据语言表达需要来表达各种丰富多彩的具体和抽象的现象和概念，充分展示了基本句型的衍生能力以及语言表达的无限魅力和穷尽性。

英汉基本句型的存在和基本一致性为语言对比研究提供了坚实的基础和依据，但是它们在主谓一致性方面又存在不少差异。

二、主谓一致性

（一）形式一致性

英语强调主语与谓语在形式上的一致性，主语的人称和数的差异预示着谓语动词相应的数的变化，称为主谓一致（subject-predicate concord）或主动一致（subject-verb concord），因此英语被看作形合语言。英语中主语成分必须由名词或名词性词语充当，谓语部分必须有动词。为了在处理一致现象时有规律可循，有原则可依，语法学家们总结出三个原则。

---

① R.Quirk, A Grammar of Contemporary English[M].Longman, 1972.
② 黄伯荣，廖序东. 现代汉语 [M]. 北京：高等教育出版社，2017.

1. 语法一致原则（principle of grammatical concord）

通常是从语法形式上取得一致，主语的单复数形式和谓语相呼应。以下列句子为例。

（1）The child is playing outside.

（2）The children are playing outside.

2. 意义（概念）一致原则（principle of notional concord）

即意义上的一致，从意义上着眼来处理主谓一致问题。谓语动词的单复数形式依意义而定，不一定和主语形式一致。以下列句子为例。

（1）The family were watching TV last night.

（2）Five minutes is enough.

3. 就近原则（邻近原则）（principle of proximity.）

即谓语动词的人称和数往往和最近的词语保持一致。例如：

（1）Either my wife or I am going there.

（2）On the table is a pen, a book and some pictures.

汉语主谓之间则在句法上无形式表现，形式上不存在一致的模式，孰主孰谓只能根据意义相关的模式，所以被称为意合语言，属于分析语类型。例如：

I am / You are / He is a student, We are / You are / They are students.

我 / 你 / 他是学生，我们 / 你们 / 他们是学生。

I have / He has borrowed three books.

我 / 他借了三本书。

可以看出，汉语的动词在任何人称或数的主语后面形式都千篇一律，动词皆为零屈折变化形式，和英语动词的屈折变化大相径庭。

汉语的主语可以是任何词性的词语，不用变为名词性词语，谓语部分由许多词类充当，也可不含动词，这也是汉语不拘形式的重要表现。例如：

To go or not depends on yourself.

去不去由你。

The red one I don't like.

红的我不喜欢。

One will be tired to death if he keeps working without rest.

老做事不休息可以把人累死。

（二）语义相关性

英汉语中典型的主语为施事，典型的谓语表动作，主谓之间的语义关系都是"相关"；所不同的是，在相关性的程度上，英语主谓之间一般是语义直接相关，少数为语义无关，而汉语主要为语义直接或间接相关。英语结构的语义直接相关在很大程度上是由英语的主谓形式一致导致的，形合造成了意义的一致，而汉语的意合就促使了主谓结构意义间接相关的产生。例如：

That big fire fortunately the firemen arrived early.

Fortunately, the firemen arrived in time to put out that big fire.

那场大火，幸亏消防队员到得早。

在句子真正意义的理解上，我们不能直接按照其显性结构来理解，而应找出它的隐性意义：幸亏消防队员及时赶到并扑灭了那场大火。汉语本族语者很容易在认知上进行处理，在理解时潜意识地把省略的"扑灭"这个动作添加进去，无须在句中显性表达；但英语句中必须有"扑灭"这个动作的显性表示，在形式上把句义完整地表示出来。这就是汉语民族在语言认知上的心理定势：只要意义相关，主语的形式结构不受限制。

1. 直接相关

在意义的直接相关上，英汉语几乎没有差别。汉语中此类句型列举如下。

（1）句式为动作类

主语为施事/受事/其他，谓语表行为动作。例如：

他看看这个，又摸摸那个。

鸡飞狗跳。

他头没抬，眼没睁……

（2）句式为存现类

主语为处所/时间，谓语是存现动词。例如：

桌上有一本书/书在桌子上。

小牛长出来了两只角。

来了一位客人。

（3）句式为状态类

主语为描述对象/其他，谓语是"是、有"字句、心理类动词或其他。例如：

我有两支笔。

领导的要求是节约。我不喜欢这样。

（4）句式为说明/评价类

主语为命题（主谓结构或施事），谓语大多为主观态度类词语或主谓结构。例如：

你打人是不对的。

他不来也成。

我有点头疼。

屋里空气很沉闷。

英语主谓意义直接相关的句式主要有以下几种。

（1）句式为动作类

主语为施事/受事/其他，谓语表行为动作。例如：

My son has prepared lunch today.

The letter was sent to Jack.

（2）句式为状态类

主语为描述对象，谓语为 be / have 心理动词。例如：

Today is Sunday.

I have two pens.

John hates Mary.

This jar contains coffee.

（3）句式为存现类

主语为 there+ 名词词组，谓语为 be / 存现动词。例如：

There's a bus coming.

There goes the last bus.

There occurred a remarkable incident.

这个句式还是算作语义直接相关，因为它的主语是形式主语 there 加上真正的主语——动词后的 NP。

（4）句式为描述/评价类

主语是个 NP 或命题概念（S-N），谓语大多为静态的词。例如：

What you said is true.

Whether we will go or not has not been decided.

2. 间接相关与语义无关

间接相关是汉语中存在的语义结构，如我们刚才提到的句子"那场大火，幸亏消防队来得早"就属于这一类。"那场大火"跟"消防队来得早"是一种间接的语义相关关系。我们要根据语境补充一些语义成分才能使主谓直接相关，而英语中没有这种相应的直译句子，必须添加语义成分才能使句义完整。又如：

那场事故，幸好她没在场。

完整的句子应为：在那场事故中／发生那场事故的时候，幸好她没在场才幸免于难。"她没在场"在语义上只是与"事故"有间接的关系，不能理解为事故"使"她没在场，或事故与她没在场直接有关。再如：

①男生一律西装领带，女生一律白衬衫，花裙子。

这里男生和女生不等于服装，译成英语时一定要加上"穿"。

②张大哥急性子，张大嫂慢性子。

主语的施事不等于性格，主语和谓语的关系是"整体与部分"的关系。

③我们这个检查站只有我一个人。

主语后可添加"只有"，表示"存在"义。

④一年十块钱，三年满期，四年手头就挣师傅钱。

这里指一年挣十块钱，不是一年时间等于十块钱，语义只能间接理解。

⑤他东北口音。

这里 S-V 的语义表示"他"的说话特点，他的口音。

⑥"这事儿"我们上当了。

这事儿应完整表达为"在这事儿上"，表示"我们"与"这事儿"的关涉性。

⑦王冕七岁就死了爹。

这里也是谓语发生的事与主语有关，不能直接理解为 S-V 的关系。

我们可以说，汉语中有大量语义间接相关的例子，它可以自由到只要句子意义在语境中可以理解，怎么表达都可以，这种现象主要缘于汉语的意合性。

英语中除祈使句外，句子一般都要出现主语。如果句子实在没有主语或语义结构不需要主语怎么办呢？那么就使用"it"这个形式主语填补主语位置，使它不致空缺。这种"it"为虚义"it"。它不同于代替真正主语的形式主语，因为 it 代替真正主语时两者结合一起作主语，只是真主语位置移动了。虚义 it 指没有明确的所指对象，即本身不带先行项的 it。这种 it 可在下列句式中作形式主语。

（1）表示时间、日期、天气、距离、自然环境等

What time is it? 几点钟了？

It's raining. 在下雨。

It was very quiet in the cafe. 咖啡馆里很安静。

（2）表示一种笼统的情况

Where does it hurt? 哪儿痛？

How is it going with you? 你过得怎么样？

It was dull when Mary was away. 玛丽不在时生活没意思。

It was a great surprise to me when he did a thing like that. 他做了那种事后我感到很惊讶。

（3）在"It seems / appears / looks / happens+that."分句中作主语

It seems that he was late for the train. 他赶火车似乎晚点了。

It looks as if it will be a nice day. 似乎会是晴天。

It happened that the harvest was bad that year. 那年碰巧收成不好。

（4）用于"It depends / It's time ..."之类结构中作主语

It depends（on）whether you're determined. 要看你是否有决心。

It's time to start. 该动身了。

（5）用于强调句式中作主语

It was on Sunday that all this happened. 是在星期天发生这一切的。

It is he that did it. 是他干了那件事。

（6）表示谁做某动作

Who is it? 是谁？

It's me. 是我。

以上的"it"译成汉语时，都不能译成"它"或译出任何实义，因为它没有明确或具体的所指，"it"最多是个模糊的概念，它在句子中的出现，完全是由于英语形合性的缘故。从上面的主谓语义相关性的对比中，我们可以推导出英汉语

即形合和意合语言之间有一个跨语言蕴涵共性。

语言中存在 S-V 的语义相关/语义无关就蕴涵着 S-V 语义直接相关的存在；反过来可以推导，S-V 的语义直接相关的不存在就蕴涵着 S-V 语义无关的不存在。

主谓语义直接相关时，主谓语属于同一概念领域，因此很容易对此类句子进行理解和反应；主谓语义间接相关时，主谓语在语义上有联系，但它们分属于两个不同的概念领域；主谓语语义无关时，主语意义无具体所指，并且无相应的概念内涵。

S-V 语义直接相关性是所有语言中必然存在的共性，可以设想，如果所有句子结构的语义都为间接相关或语义无关，人类简直会无法表达自己的思维，特别是一些复杂的概念。

三、功能

（一）作单句

主谓结构可以作为一个单句，表达一个完整的概念。主语或谓语可以分别是一个，也可以分别或同时出现一个以上，表达比单个概念复杂的内容。例如：

张老师教我们汉语。

我们两个人的看法相似。

我的行李多，他的行李少。

小草嫩嫩的、绿绿的。

小明和小红差不多高。

Mr.Thompson is an engineer. 汤姆逊先生是个工程师。

She can drive a truck. 她会开卡车。

Without doubt I had seen him with the rest of the Kanaka crew onboard，but I had not consciously been aware of his existence, for the Petite Jeanne was rather crowded. 当然，我见过他和一群卡拿卡水手在甲板上，但"小珍妮"号实在太挤了，我没有特别注意到他。

John and Mary will come tomorrow. 约翰和玛丽明天会来。

The oranges are picked and sorted mechanically. 橘子使用机器采摘和挑选。

当然，可以在原句中各句子成分旁边加上一个或多个修饰语，使概念更为复杂丰富，也使句子扩展为很长的单句。

(二）递归性

英汉语主谓结构可以充当句子中的几乎所有成分。同时，通过递归（recursiveness）的方法重复使用主谓结构使句子无限扩展，结果出现并列句和复合句。主谓结构可以作为修饰语出现在单句中作定语、谓语，也可作为句子成分出现在复合句中作宾语、表语、主语、状语、宾补（汉）。在语言学研究中，"递归"是指通过运用重复手段来产生在理论上无限长的句子，但条件就是句子不能阻碍有效的交流和交际。在系统功能语法中有两类递归：线性递归和嵌入递归。线性递归指的是属于同一"级"单位的连接关系，相连的两个或更多的同一级单位既可以是平等的并列句，也可以是不平等的主从句。以下列句子为例说明。

（1）并列句，地位平等

John is a teacher, Mary is a lawyer, Tom is a manager and Henry is a doctor. 约翰是教师，玛丽是律师，汤姆是经理，亨利是医生。

You will see buildings under construction wherever you go. 无论你走到哪里，你都会看到建造中的楼房。

（2）主从复合句，第二小句从属于第一个

He comes here when he is free. 有空时他就来这里。

嵌入递归在系统功能语法中通常被看成"级转移"。根据系统功能语法，一个单位通常由比它低/小一级的单位组成。从"级阶"（rank scale）方面讲，小句复合体大/高于小句，小句大于词组/短语，词组/短语大于词，词大于词素。当一个单位含有一个与它同级或比它高一级的单位时，就会出现级转移。

第二节 英汉倒装句对比

当代中外语言研究者对英语倒装句作过细致的研究和阐述。Jesprson, Kruisinga, Poutsma, Quirk, Emond, Green 等及我国的张道真、章振邦、薄冰、徐立吾等学者都研究过英语倒装句，详述了倒装句的形式和结构等。在过去的一二十年里，国内外的学者也开始关注倒装的语用功能，他们发现倒装可以表达强调、惊叹、感叹等多种情绪情感。与此同时，汉语的学者们也开始重视汉语倒装现象，朱德熙、胡裕树等人在其著作中都提到了汉语倒装现象，尤其是陆俭明在其著作《汉语口语句法里的易位现象》中，对汉语口语中倒装现象及特征进行了较为系统的探讨。通过对英汉语中倒装现象的分析与总结，可以帮助我们更好地理解与把握英语中的倒装现象。近年来，随着新的信息论的出现，人们可以更好地研究了语法信息的分布状况。马泰休斯、韩礼德、夸克、莱昂斯、胡壮麟、徐盛桓、朱永生等人都曾对英语和汉语中的主位信息分布规律作过研究，并提出了"从已知到未知"的观点。已有研究发现，在英语倒装中，主、前两个字的信息不会比述、后两个字的信息更多。胡壮麟等人的研究表明，在汉语中，正序句子中也存在着类似的信息分布。基于这一发现，本部分将通过对英汉语倒装结构的形式、信息分配、确定性等方面的对比，并结合认知语言学的观点，从中窥见英汉语倒装结构的共同特征和独特特征的一点。

一、英汉倒装句的结构比较

（一）定义差异

英语倒装，逻辑主语位于动词之后（谓语动词、助动词、意愿动词），而其他一些位于动词之后的句子，则位于正序句子的前面。

汉语倒装：在正序句中，句子不遵守"主语+谓语（+宾语）""修饰语+中心语""述语+宾语/补语"等顺序，而是按照语用的要求，将某些成分的位置倒转。

这时就产生了一个很大的不同。汉语中的修饰语一般都位于中心语的前面，其位置相对固定，与英语中的修饰语不同，汉语中的修饰语往往具有倒装或反装的特点。

（二）结构异同

1. 英语倒装的结构

一些疑问句、感叹句、假定让步句，省略了连接语，直接引语后面的表达式"某人说"也属于倒装，但是由于具体的情形，这一部分就不讨论了。英语中的倒装按照谓语部分的前置与否，可以分为完全倒装和部分倒装/半倒装两种。比如：

（1）There comes the bus!（完全倒装）

（2）Scarcely had Mrs White gone out when it started to snow.（部分倒装）

（3）Useful chemical fertilizer can we make from the waste liquid.（部分倒装）

根据倒装句各成分的信息状态的不同，英语倒装句可分为六类。

（1）There+动词+主语+其他。这种称为"存现句"。例如：

There are thirty students in Class Two.

（2）So / Neither / Nor+be 动词 / 助动词+主语。例如：

Tom is fond of mathematics. So is Mary.

（3）Neither / Nor+be 动词 / 助动词+主语+谓语 / 主补 / 不定式 / 分词+其他。例如：

Neither could theory do without practice, nor could practice do without theory.

（3）类与（2）类不同，（2）类一般只带一个简单的后置主语，而（3）类主语后还带有其他成分以补充新信息，后置成分信息状态有异于（3）类。

（4）副词（多为频度）+be 动词 / 助动词+主语+谓语 / 不定式 / 分词+其他。例如：

Often / Never / Seldom had she intended to speak of this.

（5）副词+动词+主语。它包括两类：一类有"位移"动词，如 come, go, run, fly, rush 等；另一类表事物、事件的出现、发生、到来，如 come, happen 等。同前者搭配的副词有 up, down, in, out 等，同后者搭配的有 soon, then 等。例如：

Out set the Red Army.Just then along came Tom.

（6）状语 / 主补+动词 / be 动词+主语。这一类前置成分一般为短语，称为复合成分倒装句。例如：

By his side sat his faithful dog.

Up the valleys, down the valleys go they, saying, "Here is a place to build a breast-work; here can you pitch a fort..." 他们沿着山谷走上走下，说着，"这里是筑胸墙的地方，这里可以修一堡垒……"

2. 汉语倒装的结构

汉语与英语相同，可以划分为全部倒装句与部分倒装句。主谓倒装是全部倒装句，其他是部分倒装句。在结构方面，汉语倒装在形式上较为简洁明了，没有使用助词和位置的改变，且多以口语表达为主。比如：

真有意思，这个人！（完全倒装）

来了吧，你哥哥？（完全倒装）

吓死人了，说得！（部分倒装）

上北海去了，带着孩子！（部分倒装）

汉语倒装句可分为五类。

（1）主语后置：快进来吧，你。

（2）修饰语后置：九点半了，都？

（3）宾语前置：他出国了，听说。

（4）补语前置：气都喘不过来了，跑得。

（5）连谓结构顺序颠倒：快回来吧，叫他。

英语、汉语中都存在着主语后置、谓语前置的情况，但是，英语中的倒装可以在前加副词、后加助动词，汉语中则不存在。两种语言都可以利用右移/左移规则来实现倒装，书面语的信息结构是类似的（这一点将在后面讨论），并且其信息结构为主位分量轻，述位分量重。在汉语中，倒装结构在书面语中很少见，而在口头语中却很常见。

汉语口语倒装句的特征如下。

（1）被倒置的两个成分都可以复位。

（2）前后置成分之间有停顿，书面记为逗号。

（3）前置成分重读，后置成分轻读。

（4）前置成分被强调，意义重心始终在前置位置上。

（5）后置成分的作用为补充说明，补充意义的不足或不完整。

（6）句末语气词绝不出现在后移成分之后。

例如：快进来吧，你。→快进来，你吧。

二、信息状态

在任何一种语言中，信息的形态都存在于口头交流与书面交流中。言语交流中的讯息以语调为主要表达方式，轻读者多为已知讯息，而重读者多为新讯息。

在文字交流中，信息的表达方式主要有语序、衔接关系等语法、词汇手段以及标点符号、字体变化等。英语信息态强调语序与连贯性，由于主位切分不能脱离句间的次序，新信息的判别主要取决于篇章中的连贯性。

长期以来，人们把信息的状态分为两类：已有的和新的。但是，自从1980年以来，这个看法就发生了变化。Prince把信息的状态划分为六类：被引用的信息/没有被用的信息/可推知的信息/被依赖的新的信息/新的信息。在徐盛桓看来，这是一个五分法，大致类似于"普林斯"，即"零点信息""已知信息""相关信息""已知+新信息""新信息"。朱永生对此进行了修改，建议将相关信息删除；随后徐盛桓又做了一个理性的修正，提出了"零位信息—已知信息（含推知信息）—已知+新情报—新信息"的四分法。

所谓已知信息，就是说话人所认为的信息，当他说出这一信息时，他认为这信息已经存在于听者的意识之中。新信息是指说话人认为它是通过自己的声音传递到受话者的意识中的，它已经得到了广泛的认可和接受。在英语中，"there"作为"零点"，是一个非已知非未知的、"中性"的、能引起说话人注意的信息。在语义上，它含有"零"的语义内涵，而其可察觉内涵则预示着某种意义上的重要内涵，接近于已知的信息。

马泰休斯所属的布拉格学派将英汉两种语言中的"主位"与"信息关联"进行了比较分析。这种切分方法并不是要揭示句子中的主位与述位，而是要探究它们各自所传达的信息。结果表明，除了强调、对比的句子形式外，主位传达了已知的信息，述位则传达了新的信息。这一看法后来得到了很多学者的认同。

语言学者将句段划分为两种类型，并将主位结构与信息分配相结合进行了分析，这一点在布拉格等人的思想中得到了广泛的应用。在本节中，在对信息状态进行分析的时候，把零位、已知、已知+新信息统称为已知信息，它与新信息是相对的，这样可以有利于分析研究的简单方便。

（一）英语倒装的信息状态

倒装是一种信息调整方式，让相关的信息先于相关的不可知的信息。相对于以往的研究，本研究最大的优点在于，本研究更多地关注信息的相对状况，更多地关注信息的已知状况。Prince的数据显示，倒装正是将话语旧信息放在话语新信息的前面，并且已引用信息和可推知信息也可以被视为已知信息。

语言已知性并不涉及主语，而是涉及句子的相对位置，也就是从句首到句尾的信息分配到了已知到未知，因此，英语可以把它叫做"句尾焦点"。

是否恰当，取决于主语与动词在"形式"或"概念"两个方面的相对成分，较小的"概念"被置于主语中。已知信息先于新信息。

以"there"引导的（1）类句（见前面英语倒装的分类）前置成分皆为零位信息，后置成分多为新信息，也有一部分是已知＋新信息。例如：

There was a sudden gust of wind and away went his hat.（新信息）突然起风，把他的帽子吹掉了。

The door opened and there entered a middle-aged man in a blue coat.（新信息）门一开，进来了一位穿蓝上衣的中年人。

There is going to be a get-together on Saturday.（新信息）本周六开联欢会。

There seems to be some differences between the two substances.（已知＋新信息）这两种新物质间似乎有些区别。

（2）类的前置成分理所当然是已知信息，因为 so / neither / nor 都是重复上文说过的行为状态的内容；后置成分都为新信息，因为它是一个新事物，即使是上文已出现过，只要是新卷进当前事件的就可视为新信息。

（3）类的前置成分 neither / nor 也为已知信息，但它与（2）类前置成分的 neither / nor 的语义内容有所差异。（2）类是重复上文说过的某一行为状态的全内容，前置成分具有完整的信息内容；而（3）类只是重复上文的"否定"，并不重复上文的其他内容，它的信息完备性要通过后置成分的补充说明来完成，因此前置成分为"不完整已知信息"（incomplete known information）。例如：

If you don't go, neither shall I. [（2）类]

I don't know, nor do I care. [（2）类]

She didn't quite get the courage to point blank discuss her own troubles, nor did she want to be chosen to dance for the Christmas show. [（3）类：已知＋新信息]

（3）类的前置成分为已知信息，后置的补充成分为新信息，它的信息分量弱于一般的新信息。它的主语一般与上文不同，主语和后置成分为新信息，但有时主语与上文一致，后置成分为已知＋新信息。

（4）类的前置成分都是新信息，且是不完整的新信息。和（3）类不同，（4）

类的前置副词意义一般与上文没有联系。例如：

Little do they suspect that their plot has been discovered.

他们丝毫没有想到，他们的阴谋已被人发现了。

（5）类的前后置成分都为完整信息，前置成分多为新信息，而后置成分或者为已知信息，或者为新信息。例如：

The door burst open and in rushed the crowd.
　　　　　　　　　　　新　　　　新

Crack went the gun and the hawk crumpled out of the sky.
新　　　新

I pressed harder, and the mouth fell open. In went the silver pliers.
　　　　　　　　　　　　　　　　　　　　　新　　　　已知

（5）类是复合前置成分倒装句。按照徐盛桓的研究，后面的句子，没有一个是已知的，大部分都是"已知+新"的，前面的句子，也都是"已知+新"的，而且大部分都是已知的。前、后项的组成成分大多是"已知+新"，这或许是由于前、后项都是合成的。与信息分配关系密切的不是主体，而是主体，即句中相应的位置；在语篇中，前置成分通常并不比后置的新；在倒装法中，有一种可行的方法是，可以按照与已知要素的关系，调整新的要素；倒装法具有调整信息的作用，即将一个语篇中的相对已知的信息放在另一个不知道的前面。整理信息的目标仅仅是将信息尽量完整地传递给听众。倒装句的前置要素离所述的对象越近，其已知程度就越高。比如：

Mean while the sun burns over a chill, filling the hills with blue shadow, turning the sea blue; and blue also, blue as the sky, are the wet cart tracks that run over the hills.

几乎是重复出现上文部分内容的前置成分为已知信息。

Facts about the world thus come in twice on the road from meaning to truth：once to determine the interpretation, given the meaning, and then again to determine the truth value, given the interpretation. This insight we owe to David Kaplan's important work on indexicals and demonstratives, and we believe it is absolutely crucial to semantics.

如果使用新的词语来描述已经知道的信息，也就是在语句前面位置解释的概念或者内容，那么这依旧是已知信息。在倒装时，前面位置的语句信息结构还是一样的。

（二）汉语倒装的信息状态

相对于英语，汉语中的倒装在信息量上要小得多；并且英语的倒装主要出现在文字中，汉语的倒装主要出现在口头中，很少出现在文字中。汉语在书面语言中通常仅有倒置的装饰语，多为短语或并列结构，具有描述性。汉语倒装的信息状态与英语相同，是由"可知"到"不可知"的变化过程。前半段是轻声朗读，后半段是重读。比如：

学生们都跑来了，从操场上，从教室里，从学校的每个角落。

我低头审视，想认出几个足迹和一条小径。也许是我想离开树林，我可能已经染成墨绿色，从头到尾。

他走过来，悄悄地，慢慢地。

汉语语言中的倒装既有别于英语的倒装，也有别于汉语文字的倒装，我们在上文已经列举了几个例子。汉语有的是无主句，所以，在有主句中，可以通过已知和未知来判断信息的分配，而在无主句中，可以通过分量轻和分量重来判断信息的分配。汉语语音倒装句中的信息分布则表现为由重到轻，由无到有。

由于汉语的书面倒装法通常局限于修饰语，而修饰语可以被简单地视为不确定的信息，所以我们在这本书中并没有对其进行详细的剖析。汉语口语中的倒装句比较普遍，而且英汉两种语言的对比也比较详细，因此就成了我们讨论的焦点。

A类：

真有意思，这孩子！

回来了吧，你那口子？

别说了，你。

这类前置成分为新信息，后置成分为已知信息。

B类：

八点半了吧，已经？

走了吧，大概。

这一类后置成分信息分量轻，只是追补信息的完整，前置成分的信息分量重于后置成分。

C类：

不去了，准备？

我自己去一趟，准备。

他回来了，我听说。

"你要借什么？""小说，我要借一本。"

C类和B类相似，但C类前面常带有主语，前置成分为"已知＋新"信息，后置成分也只是补充说明，强调的中心在前面。

D类：

难听死了，唱得！

他气都喘不过来了，忙得。

E类：

她去了公园，带了孩子。

这衣服过年再穿吧，留着。

我们打篮球，下了课。

那菊花挺香的，闻着。

等一下，请他们。

放了学马上回家，（妈）叫你。

通知各室主任来这儿，你下午上班。

D类和E类也可以有主语，信息分量前面部分重于后面部分，所不同的是，D类为动补结构倒装，E类为联动结构倒装、谓＋宾后置或分句后置。

从汉语语言中的五种倒装形式来看，许多无主句子的信息状态都是新信息，所以要对无主句子的前半段和后半段的信息状态进行分析，必须按照其重要性来进行，也就是对无主句子的未知程度进行分类。汉语中常有无主语，但在正序句中，其主语往往是已知信息。

由上述英汉倒装中的信息分布可知，英汉倒装中的信息分布基本相同，而汉语中的倒装在口语中常见，其结构和信息分布与英语中的自然差异较大。汉语在句法上并不存在英语所具有的许多严格的限制。例如，英语在句法上通常要求有

"主""动";汉语在使用"倒装"时,通常不具有篇章连接的作用,只在个别谈话或简单对话中使用。汉语口语具有一种重要的语用功能,往往是迫不及待地想要说些什么,什么才能首先表达出来,这是一种口头表达的需要。

三、认知心理和原则

自然语言是人类最为重要的交流工具,从本质上来说,它是人类对世界进行感知和认识,并通过精神活动对所经历的外部现实概念化,并进行编码的结果。也就是说,自然语言是人的思维活动的结果。另一方面,因为思维与语言有着紧密的联系,而思维自身又很难被单独观测,所以,自然语言也就成了研究思维的重要窗口。考虑到语言和心智之间存在着紧密的联系,最近几年,人们不仅仅将心智活动作为研究对象,越来越注重从语言着手,去探索心理过程及其规律,语言学家也越来越注重从人类的基本认知能力着手,通过人类在与外在现实交互的过程中所产生的概念结构,来对语言结构进行分析和解释。

功能主义认为,语言的构造,尤其是语法构造,与人类对于客观世界(包括人类自己)的认知存在着一定的"一致"或"象似"关系,也就是说,语法构造主要是人类的体验构造(人类对客观世界的认知过程中所产生的观念构造)的一种模式。我们将这样的对应性称为"象似原则",即在句法结构中,这一理论包含了两种含义:一是"成分象似",也就是语言结构中的单元与观念结构中的单元一一对应,如组成一句话的每一个词素都与一个观念相对应;二是"关系象似",也就是语言结构单元间的关系与概念结构单元间的关系是一种对应。这一部分着重对"关系象似"在倒装中的运用进行了分析。

(一)英语倒装的认知心理与原则

1. 重形合

英语强调形式上的结合,而汉语则强调意义上的结合,这一观点为许多学者所认同。英语语言表征形式上的变化能够很好地满足词语所要表达的文法、语义等方面的需要;它具有很强的形式性和逻辑性;它的句式结构严密而完整,以"动"为中心,强调"形"而不强调"意"。英语具有高度的形式化、逻辑性,其语法结构严谨,通常情况下,句子都是完整的,各个成分都不会被省略,特别是主语。例如，在英语中，"下雨了"的意思是"It is raining"。句子与句子之间，都需要用一种形式上的逻辑关系来联系，再加上它的形式上的多样性，英语就变成了一种非常准确，非常形式化的语言。倒装句子也是如此。比如：

The point of transformations is to change a base form into a specific structure. Into this derived structure, then, lexical items are inserted.

As the skipping rope hit the pavement, so did the ball.

We have complimentary soft drinks, coffee, soda, tea and milk. Also complimentary is red and white wine. We have cocktails available for $2.00.

第一句在重复的词"structure"前加个介词"into"，第二句用替代词"so"来重复和衔接，第三句提取了前文的"complimentary"来衔接和强调，它们都属于与上文形式衔接紧密的结构，使句子在形式上密不可分，融为一体。

2. 顺序相似原则

功能语言学家相继提出过以下几种语序原则。

（1）在一段话语里，旧信息先出现，新信息后出现。

（2）紧密相关的观念倾向于放在一起。

（3）说话人心目中最紧要的内容倾向于首先表达出来。

（1）遵循信息顺序相似原则，话语成分的次序反映的是说话人心中观念的重要性的次序。（2）遵循距离相似原则，语言的距离反映了概念间的距离。（3）遵循心理顺序相似原则，从（3）看话语成分的次序反映的是说话人心中观念的重要性次序，是出于语用的目的，根据说话人所表达内容、观念的重要程度分布的，如强调句、疑问句、感叹句或对比句式。

英语倒装与正序句一样，遵循着认知语言学中的次序相近原理，其信息状态的分布是由已知向未知的，对此，我们已经在"信息状态"中对此进行了详细的阐述，并通过Prince、Birner、徐盛桓等人对其进行的海量数据的统计，获得了较为完整和准确的验证，获得了中外语言学家日益广泛的认可。

（二）汉语倒装的认知心理与原则

如前文所述，在汉语中，倒装现象较少出现在书面语言中，而更多出现在口头语言中。汉语中的倒装句和英语中的倒装句在信息量分配方面有一定的相似性，但同时又遵循了信息量相近的规则，并且都属于修饰性语言。比如：

大家都来了，从东、从西、从南、从北。

明年我们一定要一起去旅行，到南方。

她只有把笔记本当作他的替身，在这上面与他倾心交谈，每时、每天、每月、每年。

汉语口头倒装法与英语倒装法同样普遍，并且与英语倒装法、汉语书写法相同，都遵循着"次序相近"的原则。但是，这是不同的次序，英语与汉语书写的次序是信息的分配次序，汉语口头的次序则是内容的重要次序，这是一种心理次序，是根据口头的语用需求来决定的。

语序较特殊的句子，如将对比成分、疑问成分、强调成分置于句首，也是遵循"将说话人急于表达的、对听话人而言预测度较低的信息首先说出"的道理。

四、小结

近年来，越来越多的学者开始将"信息排序"和"已知"这两个概念联系在一起。普林斯（Prince）首先对知觉进行了分类，得到的线性次序又被推广到了他的 1992 年提出的关于言觉知觉与听者知觉的交叉二分模型中，从而更好地刻画了言觉知觉与听者知觉的评估特征。研究还发现，恰当的倒装结构依赖于前、后两个部分所表达的信息在言语中的认知水平。所以，我们可以说，倒装起着一种调整信息结构的作用。在倒装与正序之间的选择，依赖于对话语状态的更清楚的区分，这其中可能包含了对话语提到的紧迫性，也就是，前置成分通常具有更强的紧迫性。

Prince 发现，在正序句中，表示话语旧信息的成分比表示话语新信息的成分更有可能是主语。通过对比，对于倒装，已看到存在着相反的信息分布：话语新信息趋向于由后置主语表示。这表明，话语旧信息上不是与主语有关，而是与句子的相对位置有关，于是也就证实了，至少在英汉书面语的正序和倒装的情况中，句中话语旧信息趋向于位于话语新信息前。倒装句都为有标记句式。

通过对英汉两种语言中的倒装现象进行比较，结果表明：英汉语中都存在着"完全"和"部分"两种倒装，但是其倒装的构成要素不尽相同；英语中的倒装，在形式上连接紧密；在汉语中，有修饰语、连谓结构、补语倒装，都能形成无主的句子。英汉语手写倒装中,后缀成分均占很大比重,其信息的状态是由"可知"向"不可知"的,且遵循"信息次序相近"的原则。汉语中的"口语倒装"与"书面倒装"有很大的区别,它从实际的语用需求出发,首先将重要的、分量较大的信息从口中吐出,然后再以"后缀"的形式补充语义的完整性,并遵守"次序相近"的原则。

第三节 英汉存现句对比

存现句无论在英语还是汉语中都是一种非常特殊的句型。大多数现代英语语法和现代汉语语法著作中都有相关的讨论和描述,但大多集中在句内结构层面上,且很少对它们进行比较研究。作为语言的一种特殊结构,它们既有共同点,也有差异性。这种相同的语言现象和句型,引起了语言学界的格外注意。长期以来,存现句,尤其是英语存现句引起了语言学家的关注和研究。基于篇章语言学和认知语言学的相关原理,本节将从信息传递的角度来探讨存现句的结构特征和生成原因。我们的路径不是对已有研究的否认,而是一种完善和补充,更重要的是提供一个新的视角,或许能为一些就此研究长期争论的话题找到一个更为合理的解释。

一、英语存现句

(一)基本特征

众所周知,就构形而言,英语存现句最独特的句法标志是处于句首位置的"存在there"(existential there);谓语的主要动词是一个具有"存现"含义的动词,后面跟着一个名词短语。这些基本构成要素组成的基本句型是:There+V+NP+Locative / Temporal Expression。就"存在there"而言,它与表示地点意义"方位there"是有本质的区别的:存在there仅仅是一个只有语符、语音形式而无语义内容的"假位成分"(dummy element)。此外,前者总出现在语法主语位置上,在句中轻读且能与"here"同时使用;而后者则具有确切的词义,可以出现在句中的不同位置,且重读。

就存现句中的动词而言，我们把能与存在 there 同现的动词称为"存在动词"（verbs of existence）。Be 动词是存现句中出现频率最高的，除此之外，还有以下三类语义的动词也常出现在存现句中：第一类为表示存在或位置的动词，如 exist, live, dwell, stand, lie, remain, sit, hide, hang, rest, tower 等；第二类是描述某事件发生、发展或实现的事件动词（event verbs），如 develop, occur, take place, begin 等；第三类包括表示运动或方向的动词，如 come, go, walk, run, fly, approach, swim, ride, flow, advance, arrive, flash, jump 等。

事实上，上述三类动词还可以进一步分类。前两类动词属于相似的动词，表达一种静止的存在状态，也就是作为存在条件的空间位置不会发生变化，存在主体没有位移现象，所以这两类动词在存现句中都是静态动词。而第三类动词表达的是一种动态的存在意义，也就是存在主体以一种运动的方式存在，因此，这一类动词在存在句中属于动态动词。从现有的语料来看，我们认为存现句中大都采用静态动词，以此来构建存现句表示某人或某物在某处存在、出现或消失的语义功能。

已有的存现句研究对谓语部分很少进行动、静态分类，这种疏忽导致无法合理解释"By the river stands a temple"的可接受性和"In the sky flies a plane"的不可接受性。造成这种现象的深层原因是 stand 和 fly 分别属于描述不同存现现象的动词。从认知上讲，存在句有两种类型，一种是静态的，一种是动态的。前者是指人对外界事物的知觉或客体的静态形象，它是突出于背景而形成的一种存在结构。这一停顿状态并非短暂，而是长久的。这类存现大都呈状态性，描述这类状态的动词理所当然为静态动词，即上面提到的 Be 动词和第一、二类动词。后者指存现句中 NP 是运动的而不是静止的，适用于第三类动词。静态存现句常常可采取倒装句的表达形式来表示出现或消失，因为我们将地点状语置于句首就意味着将 NP 已经确定了方位，所以 NP 必须是静止不动的。相反，动态动词在存现句中不能变成倒装表达形式，因为物体常常会脱离这个方位，如飞机会在空中消失。

就存现句的主语而言，当代大多数语法学家都认为，There 存现句中的主语通常是不确定意义的人或物，即作主语的名词词组通常被不定冠词、零冠词及 another, no, some, any, many, much, few, little, several 等表示不确定的限定词所修饰。

以上简要介绍了存现句的主要特征。除此之外，其他特征可概述为：存现句动词均属不及物动词；名词组 NP 出现在动词的右边，在人称和数量上与动词一致；动词后各词组为无确定意义的人或物。上述基本特征长期以来成了语法学家争论的焦点。仅就存现句中 NP 的确指性问题，从我们掌握的文献来看，做过相关研究的有富自力、周海中、颜钰、肖俊洪、戴曼纯、韩景泉、谷化琳等人。他们的理论探讨主要围绕着主语的确指及一致性等问题。然而，在现有的存现句研究中，我们发现他们只是从语言结构内部去寻求解决问题的答案，有些问题缺乏合理性，有必要进一步探讨。在展开讨论之前，有必要对已有的研究进行梳理，从而发现需要改进的地方，寻找更为合理的解释。

（二）存现句的部分相关研究

1. 存现句中的主语

国外不少语言学家如夸克（Quirk）认为：存现句中作表意主语的 NP（名词短语）应是泛指的，其前面只能有非特指限定词，而不能有特指限定词（如 the, this, that, these, my, your 等）。① 国内的一些有影响的语法学家也有类似的观点，如章振邦、张道真、薄冰。他们大都认为作为 There 存现句的真正主语的名词词组一般都是泛指的。有些书上虽没有上述表述，采取避而不谈的策略，但所列语料都是不确指的人或物。从规定语法的角度来看，上述观点本身并没有问题，因为语法规范着各种语言应该采取的形式。然而，任何语法都不可能描述所有的语言现象，存现句也不例外，何况语言不是静止的，而是动态的。现代英语中，存现句主语部分的确指用法并非少见。这种普遍规则中的"另类"现象，在很多小说中随处可见。

在存现句中，主语通常都是确定的人或物，也就是作主语的名词词组带有一个表示确定意义的限定词 the、his，或者本身是专有名词，而不是语法规则规定的那样。那么，在什么情形下，在名词前可以有特定的修饰语呢？通过对现有文献的分析，可以得出以下结论：名词短语在由形容词最高层所修饰时，通常会在名词短语之前加一个特殊的限定，而名词短语所表达的语义是不明确的。相对来说，这类形容词的最高层的比较义被削弱了，并且在实际中已经有了"very"的

---

① 夸克. 英语语法大全 [M]. 苏州大学本书翻译组，译. 上海：华东师范大学出版社，1989.

语义。即在存在句中,"the+最高级形容词+名词词组"和"很"这个词在意义上是等效的,都有"非常"的意义。从信息传达的观点来说,"There"在存现句中最为重要,因为它既是存现句的中心,又是存现句所要传达的新信息。所以,这个存现句中作为真正的主语的名词短语,一定要有传达新信息的特征。也就是说,无论受何种限制,只要能传达新的信息,都可以作为存现句的主语。

需要特别提出的是,有些语法书认为 There 存在句中的主语通常不能被 the 修饰,而实际语言运用中,我们能找到大量的确指现象。之所以出现这种相互矛盾的现象,我们认为相关语法书界定不精确是根本原因。众所周知,定冠词 the 表示特指时可以表示后照应,即上文已经提到的人或事;前照应,即 the 照应名词中心词后面的修饰语;情景照应,即说话当时听、说双方肯定会知道的事物;表示类指,即单个照应。众多语法书上所提到的 the 不能跟存现句中的主语连用,实际上仅仅限于 the 的后照应这一功能。有鉴于此,类似于"There's the pen on the desk"的错误是无可非议的。根本原因在于 the pen 一定是上文已经提到过的特定的钢笔,属于已知信息,而存现句的主要功能是传递新信息。通过深入研究,我们就会发现除后照应以外,the 的其他功能,如前照应、类指等都可能会出现在存现句中。例如:

Then there awoke in him the wish to build a school of his own. There is the possibility of what said of me being true.

There are the eggs all broken.

There was the time when minister of the local church had seen a school boy creeping into the church late one evening.

这些例子在结构上有一些共同之处,在名词后都有其自身的修饰语。在这些句子中,the 不是后指,而是前指,指的是在名词中心词之后的定语(动词不定式、介词短组或分词)或定语从句。实际上,这个词并不代表确切的意思,而是等同于 a。用"the"这个词,并不是指前文所述的东西,所以,"the"这个词是一种新的信息。这与存现句的信息传递的原则是一致的。

综上所述,传统意义上的存现句中的 NP 不能被 the 修饰这一说法是不准确的,应仅限于后照应这种情形,因为它违反了存现句必须传递新信息这一原则。从已有的语料来看,我们认为除 the 表示后照应以外,其他含义的 the 是完全可以用来作存现句中主语的限定词的。换句话说，NP 既能用于传统意义上的非确指，也可能出现在实际运用中的确指语篇中，但它们的共同点是引出新信息。

2. 存现句中的主谓一致性

从广义上讲，一致性可以解释为两个语法成分之间的关系，如果其中一个成分有某一种特征（比如复数），那么另外一个成分也必须有这种特征，在英语中，一致性最重要的类型是主语和动词的数的呼应。通常遵循的规则是非常简单的：单数主语需用单数动词，复数主语需用复数动词。以上规则似乎不能解释存现句中的主谓一致性所有现象。不可否认很多语法专著中都有类似的观点，如薄冰认为，there be 结构中的动词 be 与主语的数必须一致。尽管他同时也承认主语如果是一系列事物，第一个事物为单数可数名词，谓语动词则可用单数形式。事实上，赫德森（Hudson）教授在资料的收集过程中，碰到过下面的语料：It helps them realize that there's dialects in English, too; there's a lot of differences; there's too many factions in Spain. 从现有的语料来看，在大多数情况下，说这些话时都用 there's 的缩略形式。从这里可以看出，上述表达法大多出现在口语中。讲英语的人本来可以用复数形式 there're 的，然而这种与复数主语保持一致关系的说法颇为罕见。因此，在多数情况下，存现句中即使逻辑主语是复数，there's 在口语中也占绝对优势。夸克认为，就此类现象，在非正式的谈话中，存现句中的假拟主语（pseudo subject）there 后面有用 is 或 was 的倾向。综上所述，我们认为，存现句中的主谓一致问题有两点需要补充：其一，它能等同普遍语法中的相关规则。传统观念上的主谓一致概念在存现句中并不是绝对的，在正式语法规则未被运用的不太正式的情况下（如口语体），即使是有文化修养的话语者也视 there 为单数主语，而对实义主语的数不予理会，因而采用单数一致的表达法。其二，一致现象不能单从句法角度进行解释。

以上我们对存现句中核心问题进行了简单的讨论，并为已有的研究中所遗漏的特征，进行了一些补充。

3. There 的实际含义

在很长一段时间里，各个流派的语言学家都将存在句中的 there 看作是一个主语，但是它并不是一个实际主语（notional subject），而是一种形式主语（formal subject)，有人将它称为"预备 there、先行 there、充填 there"；还有的称之为"临时主语，提供主题"等。综上所述，以往的研究表明，"there"是一种没有实质意义和情态意义的词，其功能仅仅是为了引起人们对述位的关注。存在句中的"there"能否具有真实意义，既要从语言的内在结构上进行分析，也要从语言的外在认知功能上进行考察。接下来，我们将从句子和篇章两个层次来探讨这个词的真正意义。

Quirk（夸克）认为含有首位空间附加状语的存现句可以省略 there[①]，并以下面这个例子予以说明：In the garden there was a sundial. 他认为本句中的 there 是多余的，因为它可以转换为 In the garden was a sundial，而且将其省略不会出现任何语义差异。但是，我们认为这似乎不能说明它没有意义，恰恰相反说明它有意义，因为 there 指代 in the garden。因此，省略 there 是符合语言表达的经济性原则的，而且既符合逻辑又符合语法。章振邦也持同样观点[②]。他的例句为：On the hill there stands a temple 相当于 On the hill stands a temple，there 明显指代 on the hill，即两者属于共指成分，所以将其省略根本不影响句子的语义，而且会使语言表达简洁明了。以上从语句层面来讲，there 并非没有意义，而是负载着特定的语句信息。

综上所述，存现句中的 there 不是只起主语位置上的充填（filler）作用，而是有实际含义和传递信息的。

二、汉语存现句

（一）句法特征

与英语存现句相比较，一些学者指出汉语存现句句式为"方位词语＋存在动词＋存在主体"，其独特的句法结构标志是位于句首的"方位词语"。例如：

村头有座庙，庙里有个和尚。

柜台上盘子里盛着滚热的蹄子、海参、糟鸭、鲜鱼，锅里煮着馄饨，蒸笼上蒸着极大的馒头。（吴敬梓：《儒林外史》）

汉语存现句在结构方面有如下特征：在多数情况下，都采用表示存在的意义

---

① 夸克. 英语语法大全 [M]. 苏州大学本书翻译组，译. 上海：华东师范大学出版社，1989.
② 章振邦. 通用英语语法 [M]. 上海：上海外语教育出版社，1996.

的"有""是"。除此之外，也采用等同意义的词。其中，表示显性意义的动词，如"来""出"，以及表示隐性意义的动词，如"死""跑"。在汉语中，存在句的主语通常是一个带有位置意义的短语。其作用表现为：直接引出题目，指出题目存在的空间，这一构造方式显示出汉语中的"重视题目"的特征。任何东西的存在，都必须有一个特定的空间地点作为其存在的前提。鉴于此，在多数情况下，方位性名词组往往被置于句首来引入话题。当然，出于句式多样化的考虑，也有置于句末的情况，但总体来讲，位置相对固定。从句内结构上来看，主语位置上汉语与英语对比有一个很明显的特征，即英语存现句主语在多数情况下都会由一个既有语义内容，也有句法功能的 there 充当，而汉语存现句却是由一个方位性名词充当，且不能省略。

从信息功能传达的特点来看，汉语的存现句与英语的存现句相似，其作用也是引入新的信息，并遵循新的信息进入语篇链条中的一般规则，当一个新的信息被引入时，它通常会被用到不确定词，如以下两个例句，"村里有个二诸葛，有个三仙姑""在斜对面门豆腐店里确乎终日坐着一个杨二嫂"。由示例可知，汉语存在句虽然是一个专有名词，但它仍需加入"一个"，才能将其转换成一个不明确的概念。

综合已有的相关研究，普遍认为，英语存现句中传统意义上的 NP 指称意义必须具有"非确定性"，这一点与事实不尽相同，正确的提法应该是不仅可以表示非确定指称，而且也可以表示确定特指。有关这点，前面已有详细讨论，不再赘述。现代汉语中类似下面的例子到处可见，如墙上挂着这幅画；书桌上放着那本小说；床上躺着铁蛋。凭语感，上述表达是完全可以接受的。既然这种语言事实成立，那么，有理由认为汉语存现句主体并非一定为不定指词语，定指词语（确定性）也是可以接受的。

从构句成分功能来看，汉语存现句在句子成分构件部分呈现出多功能特征。类似于英语存现句 there+to be；there+being 可作多种句子成分一样。以下列句子为例说明。

（1）刘姥姥只听见咯当咯当的响声，像似打罗筛面一般，不免东瞧西望的，急见堂屋中柱子上挂着一个匣子，底下又坠着一个称陀似的……（宾语）

（2）火红的太阳冉冉升起，照得江面上泛起点点金光。（补语）

（3）如果楼上住着人，我怎么会连一点动静都没听见过呢？（状语）

从以上例句中可以看出，汉语存现句在句内的分布是比较活跃的，多种句子成分的位置上都能发现它的存在。

本节重点讨论了汉语存现句的基本特征，仅限于句子的语法范围，只在句法层面展开。显而易见，要完整地了解汉语存现句，仅仅限于句子结构内部分析是远远不够的，因为它的参照物毕竟是单个句子本身。如果我们把它置于整个话语中来观察，就能得到更为完整的解释。

（二）语篇功能

就汉语存现句的话语功能而言，它同英语存现句在一定程度上表现出共性，如它也可以用来引入语篇话题等。

1. 开篇引题功能

汉语存现句经常被用来在篇章中提供新的话语信息，尤其是在叙述结构的篇章中。它一般引出主题，引出时间、地点、人物及其所处的活动和环境。

2. 情景引导功能

除了上述提到的开篇引题的语篇功能之外，存现句在多数叙事、描述语篇中起情景引导的作用。这种存现句由于有其特有的介绍语境信息功能的特征，能用一种类似于视觉感官直观的方式把背景信息展现在读（听）者的眼前。这种存现句所带来的视觉效果是其他句型不可比拟的。

3. 改变话题功能

已有的研究表明，无论是英语，还是汉语的存现句，它的名词短语都具有不确定性，从而符合新信息进入话语链时的一般规律。我们注意到这种句内特性同样延伸到语篇层面上。在话语发展的进程中，当有新的人物或事件或者有新的信息要表达时，人们往往采用"存现句"的方式来进行话语的建构。

三、英汉存现句之比较

（一）相似性

1. 基本特征相同

在各种语言中都能够见到相同的或类似的存现句。英汉语也不例外，从前面的分析中得知，无论是句内结构，还是语篇功能，它们都表现出一定的相似性。具体来说，表现在以下几个方面。

能够符合信息结构的组织原则和表达原则，且特点为以不定指词语或少数定指词语介入新信息的句式，就是英汉语存现句，这是从信息结构角度进行分析的。这里特别提出的是，英语中的存现句的动词后名词词组有时也会出现确定特指现象，但不确指性作为规则之一是无可厚非的。此外，不管是汉语还是英语，都有一个位于末端中心位置的能够表达新信息的存在主体，并且符合信息结构中的信息值的走向。

从句法结构的角度来讲，它们的动词都具有非宾格的属性，大都用来表示"存在""出现""呈现"等语义，很少用来表示"消失""结束"等概念，即存现句的动词是严格受到语义限制的。

从语篇层面来说，英汉语存现句在语篇的构建中，所起的作用有一定的相似性，主要作用表现在起承转合方面。存现句的运用能强调事物的客观性、画面感、凸现真实性的效果。

2. 认知原理相同

从已有的研究来看，尽管存现句研究取得了很大的成绩，无论是就 there 的语法功能与含义，还是 NP 的确指性、一致性都已有很多相关报道，但上升到理论层面的探讨并不多见。导致现在这种局面的本质原因主要是多数研究都只是从语言结构内部去寻求解决问题的答案，其结果多数是重复研究。

语言学，尤其是近些年发展起来的认知语言学，对存现句形成的深层原因提供了一个更为合理的解释。认知语言学将语言看成是一种认知活动，它是以认知为起点，来研究语言形式、意义以及规律的科学，也就是人们通过对外部世界的感知和概念化的方法来研究语言的科学。一种语言的构架不可能是随意产生的，它与人的经历有很大的关系。英汉二语中的"存现句"这一独特的句法结构，其实就是一种由知觉所构成的典型的"存现"结构，它的构成与人的经历有着紧密的联系。英语存在句中的"there"和汉语存在句中的"位置"这两个词在语法功能和结构上都有相似之处，这两个词在表达方式上也有相似之处。

传统语法认为在语法功能和结构上，英语存现句中的 there 与汉语存现句中的方位名词组是两个不同的概念，即前者没有实际意义，是形式主语，而后者作主语。历时地看，或许这种观点有一定的合理性；而现时地看，它是没有说服力的。先看个例句：

There are some flowers in the garden. 花园里有花。

从上面例子中，我们可以看到，这两个词组在结构和观念上是一致的，其中，前置词组与"Garden"都是一个共同的指代成分，在句中起到了一个副语的作用；而对于"花园里"这一句，按照多数汉语学者的看法，则是把这一类位置名词放在句的开头，作为句中的主语。在认知语言学看来，这一观点是不符合人类认知图式的，也不符合视觉观的基本原理。"院子里"这个词，不能用来做主语，而应用来做副词。因此，本文认为上述两个例子在语法功能、结构等方面具有相同的特点，更符合"两个例子都是一种体验式的外部表现"的认识论。

（二）差异性

英语是一种综合型语言，有自己的特点，在这种语言中，除了保留了一定的句式外，还使用了语序和功能性词语。这一杂糅使英语的语法结构有了更多的变化。与此形成鲜明对比的是汉语，汉语是一种典型的分析型语言，它的句法结构以语序和功能性词语为主。词序在汉语句法中具有举足轻重的作用。正是这些个性使得英汉存现句在更多的程度上呈现出它们的差异性。

1. 句式变体不同

众所周知，不同的思维模式直接影响人们的组词成句、连句成篇的方法。汉语的语义结构，一般都是通过对接的方式，直接反映人的思维过程，而英语却是通过把概念与其对应的文法结构结合起来，间接形成语言。由于受语言规则的制约，这两种语言在结构上分别呈现出英语形式多样、而汉语形式单一化的特点。英语存现句中存现句法结构标记具有很高的可识别性，在标记"there"的支配下，整个成分的前移和后移仅表现出语义上的差异，而不影响句型的识别。根据现有的研究成果，英语存现句式中至少存在着三类具有代表性的结构。而汉语存现句则没有任何额外的构成要素，只有一系列的结构要素加以证实。所以，当一个构句组分发生位移时，它就不再是存现句了，比如以下句子。

（1）花园中飞舞着一群蜜蜂。（存在句）

（2）一群蜜蜂飞舞在花园中。（施事句）

（3）一群蜜蜂在花园中飞舞。（施事句）

（4）院中，一群蜜蜂在飞舞。（主题句）

从上例中可以看出，按英语存现句的典型句式，上面的句子完全可以转换成以下三种表达方式。

（1）There's a swarm of bees dancing in the garden.

（2）In the garden there is a swarm of bees dancing.

（3）In the garden a swarm of bees is dancing.

如果可能的话，还会有更多的类似表达方法。因此，从上面的阐释中可以得知，英语存现句有多种（至少三种）变式，而汉语是受到严格限制的，可以说汉语存现句没有变式。如果说有的话，只能说存现句可以服务于多种句法功能。

2. 英汉语表达习惯不同

在英语存现句中，"there"与句尾的"地点状语"属于共指成分，即"there"代表句尾的"地点状语"。从英汉语两种语言的构成要素来看，英语存现句的构成要素要多于汉语存在句的构成要素。在这一点上，人们普遍的看法是：英语词组要比汉语词组复杂，即汉语词组比英语词组要简单。本书认为，中英两国在语言表达上存在着差异，这是由于两国文化背景的差异。英语习惯于在讲次要信息之前讲主要信息，汉语则正好相反，在讲主要信息之前讲次要信息。因此，在英语存现句中，根据英语的结构原理，名词短语常常放在位置副语的前面；而在汉语存现句中，有名性短语的短语往往被放在位置副语的后面。这就更能说明英语存现句通常把地方副语放在句的末尾，汉语把地方副语放在存现句的开头，而不是句尾。下面我们以"院子里有一堆木头"为例予以进一步地说明。将上述句转换成英文，至少有下列四种表述方式。

（1）There is a pile of logs in the yard.

（2）In the yard there is a pile of logs.

（3）In the yard is a pile of logs.

（4）A pile of logs is in the yard.

同一语义的上述四种表达法中的最佳选择，换句话说，使用频率最高的应该为句（1）。为什么会出现这种倾向呢？句（2）以及句（3）都不太符合英语常见的表达方式，尽管语法上无可挑剔，但是它违背了前面我们提到过的英文构句原则，没有达到英语在存现句中突显 NP 的要求；句（4）不仅很少使用而且还有语义纰漏。如前所述，在信息传递中一般是已知信息在前，而新信息在后，a pile of logs 是新信息，所以不宜置于句首。综上所述，句（1）既符合英语的表达习惯又符合信息的传递方式，所以句（1）使用的频率是最高的。

英语把"there"放在句首的原因在于，它不仅要符合句子的表达习惯，而且要符合"存在"这一意义，同时也要符合现句的意义。所以，用"there"来代替句尾的地方状语，不仅符合语句的表达习惯，也符合信息的传达方法，而且符合表意"存在"的需要，可以加速信息的传达，因而可以把"there be"看成一个传达"存在"的信息的总体，也就是"信息块"。从以上解释中，我们可以看出英语中为什么将 NP 置于地点状语之前的句法现象。同英语相比较，汉语则相反，先说次要的，再述主要的。因此，汉语存现句中名词词组总是在方位名词之前。英汉相互转换时，这条规则是需要考虑的。这种句法现象的存在并不是说英语有 there 就复杂些，汉语无引导词就简单些，我们认为，完全是两种不同的表达习惯而已。

3. 谓语动词不同

就存现句的谓语部分而言，尽管它们表现出一定的共性，如动词都具有非宾格的属性，但是，它们之间还存在着很重要的差别。其一，英语 there 存现句在语义上具有典型意义的"呈现性"和"可具性"，因而不能包容表示"消失""死亡""结束"等语义内容的动词。它的谓语主要包括动词 be、表示状态的动词、表示发生、到达等动作的动词以及含有半助词的短语等。相反，汉语存在句是以其特有的排列格式表达一个完整的存在系列，即从"出现"开始，进而"存在"，继而"消失"。因此，汉语中类似于"他家死了一只猫"之类的存现句是可以成立的，而在英语中则只能用其他句型表示，而非存现句。因此，汉语存现句语义上的包容性要远远大于英语存现句。

其二，英语存现句中的动词是一种受限制的动词，除了 be 动词外，大部分存在动词都只出现在文字中，特别是在描写和叙述性的语言中，它们的作用是指出事情发生的地点和方向。然而，汉语存现句中的动词属于开放性范畴，具有很大的包容性和灵活性，可以在口头表达中使用多种类型的动词，并且有时也会在书面语言中使用其他词类作为存现句中的动词。以下列句子为例。

（1）家里住着一间草屋，一厦披子，门外是个茅草棚。（吴敬梓:《儒林外史》第三回）

（2）正是下班的时候，马路上汹涌着自行车流。（吴若增：《离异》）

上述两个例子中的动词不是汉语存现句中的三种类型，而是其他词类在存在句中的一种活用。另外，在汉语存现句中，移位型动词可以与倾向型动词进行自由组合，从而使得动词词组所表示的隐含意义更为具体、形象。例如，表示无义动词的"跑"，可以进行如下的组合：跑上、跑下、跑来、跑去。汉语存现句因为其动词是开放的，所以在语义区分、信息传达、文学修辞等方面比英语有更大的优势。

其三，汉语存现句在不强调存在状态时，可以使用不出现谓语动词的形式。例如：

严家人掇了个食盒来，又提了一瓶酒，桌上放下。食盒里九个盘子，都是鸡、鸭、糟鱼、火腿之类。（吴敬梓：《儒林外史》第三回）

四、小结

综上所述，英汉语存现句中有相似性，但更多的则是差异性，且这种差异性是比较典型的。无论是结构上的不同点还是语篇功能上的相同点都反映了两个民族语言及思维模式的特征，正是这种特征使得我们的交际能顺利进行，同时，又保留各自的语言的风格。更多地发现存现句的"异"和"同"，是我们今后研究的目标。随着语言学的进步，人们对语言本质认识的加深，毫无疑问，对存现句将会有更多、更合理的解释。

第四节 高校英语句法教学策略

一、构建新型英语句法教学模式

新的英语句法教学模式，把句法作为了大学英语的一项重要内容，但这个模式的前提是，精读和听力这两个主要的模块不变，并通过专门的课程，让学生们掌握句法。比如《When Love Beckons You（爱的召唤）》，它的语法结构非常完整，如果仔细阅读的话，甚至可以作为一个例子来解释。

而在具体的句法教学方案中，要使句法教学系统化，就需要建立一种行之有效的教学流程，应该在课前进行仔细的预习，对预习的效果进行简单的检测，记录教学中的难点和重点，在上课时要结合实际，积极地解答学生的问题，课后要仔细地总结整个教学的过程，并辅以形成性的教学效果评估。这样既可以增强老师上课的积极性，又可以激发学生对句法的学习热情。

二、转移教学中心，教授学生科学合理的学习方法

传统的英语句法教学往往是以老师为主，老师讲课是教学的重要一环，老师并不在意学生对老师讲课的兴趣，因此无法激发学生的学习热情。正确做法是，首先，让学生通过有意识的规律学习，对自己的学习产生浓厚的兴趣，比如，通过搜索国外的名人，把他们的英文资料发到学生那里，然后让学生根据自己的兴趣，在阅读的过程中，把所学到的语法知识都写下来，从而让学生养成一种积极向上的心态，而不是一味地"赶鸭子上架"，只知道被动地学习。其次，是系统化的学习方式，英语的句法结构是一个相对严密、完善的系统，对基本句式和特殊句式进行了分类，对七种主要句式（简单句、并列句、主次复合句、陈述句、疑问句、祈使句、感叹句）进行了详细的说明，在语法教学中，要让学生积极主动地进行系统地练习，只有这样，才能更好地掌握语法的要领，才能更好地运用这些语法。最后，是潜意识的自主性学习，这是一种在精读、听力中逐渐形成的潜意识，在大量的阅读中，潜意识的养成和听力的养成，让学生对句法结构、句法规律有更多的认识，同时，这一种学习方法把学生作为整个教学环节的核心。

三、充分利用现有的教学资源

如今，网络教学已经是一种主流的教学方式，大学英语的语法教学也是如此，它的音像效果很好，可以把枯燥而又复杂的句子结构形象而具体地展现在学生的眼前。首先，老师可以从网上下载一些经典词组的文章，让学生理解。其次，教师可以在网络上建立自己的私人空间，现在最受同学们欢迎的就是微博了，可以在微博上与同学们分享自己的英语知识。

当然，最行之有效的方法还是借助多媒体的视听功能，使课堂内容更加丰富，课堂氛围更加生动。比如，对于倒装中"so... that... 和 so that"之间的关系，我们

可以在视频中通过两个小人儿分别进行自我介绍，再进行彼此介绍，从而在无形之中提高学生对句法知识的认识与记忆水平。而要想培养学生的句法应用能力，最有效的方法就是通过欣赏一些经典的视频材料，让学生掌握这些视频材料的基本结构，再在课上把视频材料中的场景重现出来，让同学们一起讨论和表演，从而使同学们更好地理解和应用句法结构。

第四章 英汉语篇的对比

　　语句是表达的重要方式，句子有长有短，表达有喜有怒，一段话也可以称作语篇，语篇构成了语言。语篇的概念在语言学中是抽象的，它是用于表达意思的形式，真正理解语篇需要通过一定的分析，需要了解句子的逻辑和结构。语篇的表达也有不同的形式，包括口头直接的表达或是以纸为载体的书面表达等，不同形式下的语篇有不同的特点。语篇是有逻辑性的，用于表达人的意志，人将文字、词语、句子有逻辑地组合排列，使之成为符合语法结构的语篇，人与人的交流便可顺利实现。语篇的作用是多样的，平平无奇的文字组合在一起，便蕴含着生命力和情感。语篇实现人际交流，助人表达情感；语篇记载历史，促进文明进步；语篇可作为象征，承载深刻意蕴……不同的语种有不同的语法，即语句的表达结构和习惯用法。英语和汉语作为两种语言，其语篇的语法、结构、逻辑表达自然存在一定的差异。在语篇研究方面，已有的研究成果表明语篇的研究层次、研究对象等多样，在研究对象方面，衔接和连贯是其重要研究方面之一，语篇的衔接和连贯需要合理的语法和逻辑结构，可以通过使用连接词、语气结构、谋篇结构等使语篇表达准确。下面我们将就语篇的衔接和连贯、段落结构、语篇组织展开分析和探讨。

第一节 英汉语篇词汇衔接手段对比

　　词汇衔接，通常会有复现关系（reiteration）和共现关系（collocation）这两种。比较普遍地说，共现关系讲的是在某篇文章中，所使用的词汇和这篇文章具有相通性。往小了说共现关系讲的是不同的词有着不一样的搭配，我们所提到的复现讲的就是，某一个词语通过不同的形式、不同的类别连续在同一篇文章里出现，这样便可以达到对文章的衔接，这一节里我们只对复现关系进行一个比较。比如以下句子：

（1） The two women in this house read the poem. From the opposite side of the house Rose looked at them.（原词复现）

（2） You're hearing uncomfortable noises coming from under you as your car passes over the pier. The sound of the train in the tunnel was as loud as the pedals on a piano, and the roar was as long as a giant in a temper.（上义词复现）

（3） Tina got lots of gifts from her families at her 18. She also received lots of from her pen pal for her 18.（同义词复现）

（4）We had dinner together last Saturday. Now we had another meal together.（近义词复现）

（5） The qinling mountains are a treasure given to us by nature. We should be grateful for what this mountain has given us.（利用 mountain 来对语篇进行一个衔接）

非常多的事实能够证明，英语和汉语都是利用词汇复现这一关系来对文章进行一个衔接，但是英语里词汇复现关系是要比汉语使用次数更多，而且能够通过不同的方式去进行表达。在把英语翻译成汉语的时候，需要经常去使用重复原词的方式来翻译。但是把汉语翻译成英语的时候，就需要按照一定的要求合适地利用不同的复现手段。在这里，列举两个英语翻译成汉语的素材。

（1） Looking back, we can see that there are three different versions of the star-moon pattern, but these are closely related to the fall of Constantinople on May 29th, 1453. The first is that I know, when I was in school is Mohammed II with Ottoman Turks came to the capital city of the eastern Roman empire at Constantinople, prepare to compromised their capital, and in the night before the battle, to observe Venus and the moon are connected, so leaves and then use the pattern to represent the meaning of peace. The second theory is that after Mohammed II defeated the soldiers in Constantinople, when he entered Constantinople, there happened to be a moon in the sky, so the design of stares and moons was used to mark the anniversary.

通过回顾以前的事情我们能够发现，关于星月图案是有着两种不一样的说法，但这都和 1453 年 5 月 29 日君士坦丁堡被攻陷有着密切的关系。第一种说法是我在上学的时候就知道的，讲的是穆罕默德二世带着奥斯曼土耳其人来到了东罗马帝国的都城君士坦丁堡，准备来攻陷他们的都城，在打仗的前一天晚上，观测到金星与月球相互连接，所以之后就用星月图案来代表平安的意思。第二种说法是在穆罕默德二世打败了君士坦丁堡的将士之后，进入君士坦丁堡的时候，恰巧有一轮月亮在天空中出现，所以之后就用星月图案来表示纪念的意思。

（2）The monkey's greatest skill is to be able to drive a tractor. By the time he was nine, he could show how to drive a tractor by himself.

这一只猴子最厉害的本领就是能够去开拖拉机。在它九岁的时候，它已经可以独自去表演如何驾驶一台拖拉机了。

第二节 英汉语篇语法衔接手段对比

英语的语篇衔接与连贯方面，与汉语的表达有较大的不同。有学者认为语法衔接手段众多，语篇表达可通过上下文的照应、主语的省略、名词的替代、连接词的使用等手段来实现。但严格意义上来说，连接词既是语法衔接的手段，用于联系上下文，同时也是词汇表达的手段，作为句子组成的词汇之一。但研究语篇衔接的悬着众多，观点也各有不同。另有学者认为语篇衔接的手段还应该包括使用排比句式、动词的时态变化等，但是连接词不可包括在语法的衔接手法之内。还有学者认为，连接词就应该属于衔接手段。由于不同研究者研究的出发点不同，因此对于衔接手段的认定范围众说纷纭。

一、英汉照应衔接对比

对比分析英语和汉语的衔接用法。照应（reference）是指使用代词代替语句中的对象或者使用其他语法达到前后呼应的效果，使语句更加有逻辑，使语篇更加通畅。语篇中的照应可以分为两种。

一种是外照应关系（exophora），这是指语篇意义的理解需要结合特定的语境，在语境中理解其含义，如果将句子单独拿出，可能会读不懂具体代词指的是什么等情况。例如，This is not an easy job. We must pool the efforts of all departments in order to finish the work on time. In addition, if necessary, we will consider bringing in manpower from overseas. 这一段语句就是典型的外照应关系，需要在语境中理解。

另一种是内照应关系（endophora），内照应的概念，通俗地讲就是某一语篇中，只要通过阅读，便可以直接理解语句中指称对象的意思，顺畅地了解到语义，而且指示对象有可能出现在全文其他部分，且依据其出现的位置，可以将内照应关系细分为前照应和后照应。例如，鲁迅先生是著名的文学家、教育家，他的一生充满传奇，从学医救国到弃医从文，他用笔杆作文武器，坚决地投身于共产主义事业。

在这个句子中，"鲁迅"是指称对象，"他"则是"鲁迅"的指示代词，且"鲁迅"出现在上文，该句就是内照应关系。本节将通过对比分析照应关系，将三类内照应简明阐述。

（一）人称照应

人称照应（personal reference）是指通过指示代词代替文中已出现的人名，人称代词的形式多样，人称照应一般是前照应。例如，Butterfly is one of the most beautiful animals in the world. When it flaps its wings, everyone will be fascinated by it. 然而实际上，人称照应也存在后照应的关系。例如，In fact, his job is not easy, Bill needs to do everything he can to clean up the stain everyday. 该句中 his 是 Bill 的指示代词，这是一种后照应的关系，指称对象 Bill 在 his 的后面。

英语中存在前照应和后照应的关系，汉语的语篇中也存在这两种关系，前照应的句子，如小小的米兰花，细微得像玉米一样的米兰花，你总是那样的清香而又迷人，你总能勾起我儿时的回忆，你的清香淡淡，却萦绕在我心中，久久不能散去……后文中的"你"是前文中"米兰花"的指称代词，因此其照应关系是前照应。后照应的句子，如他小小的身躯蕴含着巨大的能量，他将家庭的重担扛在了肩上，父母的离去加重了他的负担，但他却从不丧气，总是自信而乐观，为了生活而默默努力着，邻居们总说国强是个苦命娃。几个分句中的"他"是国强的指示代词。

（二）指示照应

指示照应（demonstrative reference）是指利用指示代词等发挥确定照应关系作用，指代名词等。指示词语可以是指示代词、冠词等，英语中常用的指示性词语如下：this, that, these, those, the 等。汉语中的指示性词语包括这些、那些、这时、那时，这里的、那里的等等。

英语的指示照应的句子列举如下。

（1）Mr.X recommended a very boring novel to me yesterday. That's why I gave it back this morning.

（2）This is how he tells the story, "A long time ago..."

（3）There are many different brands and styles of water cups in that store. I'm sure you can buy what you like *there*.

（4）When I was in college, I was very interested in foreign language songs. But my poor language then prevented me from completing a piece of music.

（5）They cleaned up the scene of the accident and found many victims. The injured were immediately taken to hospital, and the dead were placed in the morgue.

上述五例中，例（1）中 that 前指 boring；例（2）this 后指 A long time ago；例（3）中斜体 there 前指 that store；例（4）中 then 前指 when I was at high school；例（5）中的 the injured 和 the dead 连用，前指 victims。

汉语指示照应的例子如下。

（1）他微微地笑着，然后转身向卖橘子的地方走去，他的微胖的身子晃晃悠悠地挤入人堆中。这时我看到了他努力的背影，莫名地流下了眼泪。

（2）小时候，在寂静的夜晚，我们总是玩抓特务的游戏，晚风拂过燥热的脸颊，月光洒下，玩耍的欢笑传遍山野。这些回忆是我们永远的珍宝。

（3）韩先生的原话是这样的：你们这些不讲道理的人是应该被惩罚的，老天不会放过作恶之人。

（4）我依然能够回忆起小时候在晒谷场上，一块不大的幕布前，一大堆子人挤在那儿看露天电影，男的、女的、老的、少的、本村的、邻村的都来看电影，毕竟在当时，电影可是稀罕玩意儿。

上面例句中，例（1）中"这时"是近指，指明时间关系；例（2）"这些"是前照应，指向前面整个句子；例（3）"这样的"是后照应，指向后面的条件结果复句；例（4）"男的、女的、老的、少的、本村的、邻村的"指向前句中"一大堆子人"，这是前照应的关系。

（三）比较照应

比较照应（comparative reference）是通过使用比较的词语，对语篇进行表达，从而实现照应。英语中照应手段主要是词汇比较级或是比较副词或是短语等，而汉语中通常使用形容词、比较句型或结构等来实现比较照应。

英语比较照应如下所示。

（1） Tom is slow to learn new knowledge. Compared with Jack, he grasps new knowledge faster.

（2） We have improved this machine.

（3） Tom gets ten dollars a week for pocket money. Bob receives a similar amount.

（4） Instead of paying by check, he did it in cash.

（5） They got a car more expensive than yours.

上述例句中，例（1）用 compared with Jack 与前一句照应，例（2）用 improved 与 this machine 以前的情况照应，例（3）用 similar 与 ten dollars 照应，例（4）用 instead of 与后一分句照应，例（5）用 more expensive 与 yours 照应。

汉语例子如下。

（1）你们几个恐怕没那个能力，还是将你们班的高个子叫出来吧。

（2）你的字写得比谁都漂亮。

（3）夏天，女孩子们一个个穿着时髦，越发地惹眼了。

（4）一站起来回答问题，她的脸就红得跟熟透了的桃子似的。

语篇衔接在英语和汉语中都是常用的语法手段之一，但是由于语言的不同，衔接手段的使用方法等存在一定的差异。有研究表明，汉语的语篇中使用人称照应或者比较照应的频率较低，而英语的语篇中频率明显较高。这是什么原因呢？原来，英语的语句更注重完整的句子结构，较多使用各种形式的人称词汇，而汉语则更注重语义的表达，一个主语通常可以引导多个分句，因此人称代词使用频率较低。除了人称代词使用的习惯影响外，英语中定冠词 the 的频繁使用，增加了人称照应的使用频率。在比较照应方面，英语可以通过多种手段实现语篇中的比较照应，如形容词的比较级、副词的比较级等，而汉语则没有比较级这一语法手段，汉语的比较照应通常用句子结构实现。基于英语和汉语语法、句子结构的不同，翻译人员需要加大对语言差异的了解，在实际的英语教学中，教师也应当提醒学生注意这点，可有效避免学生翻译的错误，提高翻译句子的衔接性。

汉语和英语是两种不同的语言，在用法和结构上都有不同，英汉互译方面，自然存在了较多的问题，需要翻译人员仔细斟酌语义，在照应关系上，英语和汉语的语法手段不同，需要多加注意，如下例。

（1）Bill put down his pen, raised his head, straightened up and looked out of the window.

比尔放下他的钢笔，抬起头，直起身，向窗外望去。

（2）In order not to disturb his wife, he got up quietly from the bed and walked slowly to the cradle. He bent down and reached out to pick up the parcel. Then he walked out of the bedroom carefully. She looked up, opened her eyes, and smiled at her father with magic every day.

为了不打扰到妻子，他悄悄地起床，慢慢地走向摇篮，他弯下腰伸手抱起来女儿，然后小心翼翼地走出了卧室。怀里的孩子抬头起，冲他笑了，女儿温暖的笑容每天融化着他作为父亲的心。

假设，不省略句（1）中部分具有与前文指代人物相同的代词 his（指代的人物为 bill），直接按照原文的意思进行翻译：比尔放下（他的）钢笔，抬起了（他的）头，直起了（他的）身子，向窗外望去。

同样的如果将句（2）中同样起到前后照应作用的代词 he 与 his（指代的人物为 her dad）直接进行翻译：他不想打扰到妻子，（他）悄悄地起床，（他）慢慢地走向摇篮。（他）弯下腰伸手抱起来女儿。（他）小心翼翼地走出了卧室。怀中的孩子抬起了头，冲他笑了。每一天女儿温暖的笑容都可以融化他作为父亲的心。只要把前后两种译文放在一起进行比较，显而易见的，二者之间存在着许多差异。经过实验验证，我们得出在英译汉的过程中，可以用"省略原则"这一方法来解决前后文人称照应存在差异的问题。如下文所示，在英译汉过程中使用"省略原则"时，可以对于原文中出现频率较高的前后文人称照应的人称代词进行省略。

（1）Although my daughter is only four years old, she can eat and dress and wash by herself.

虽然我的女儿只有四岁大，（她）却可以自己独立地吃饭，自己穿衣洗漱。

（2）The mother calmly made an observation of the surroundings, without the slightest hesitation, bravely turned and closed the door, while darting to the window.

母亲镇定地对四周的环境进行了观察，（母亲）不带有一丝迟疑地，勇敢地转过身去，在把门关上的同时，飞快地冲到了窗口。

（3）At such times, Laura would rather not have the loaf of bread and butter in her hand because she couldn't find the right place to put it, and throw it away.

在这样的时刻，劳拉宁愿（她）手里并没有拿着这块黄油面包，因为找不到合适的地方放，（她）也不可能把面包直接扔掉。

在英语翻译中对于上下文的代词进行对照翻译的过程中，可以使用"重复原则"来进行处理，重复原则的英文为：Principle of Repetition。

在本节中，重复原则的含义为，英译汉的过程中，用代词所代表的名词来取代英语原文中起到照应作用的代词，进行一部分必须进行的重复。

以下列句子为例。

（1）She was ashamed to speak directly to Rebecca on the subject, for it was so difficult to do so, that she had several long private conversations with Mrs.Prynne, the lady of the house. The housekeeper lady gave some information to the housemaid. The housemaid would have talked to the cook about it, and the cook would have told the whole business.

她不好意思直接告诉丽贝卡这个问题，因为这个问题却是让人难以启齿，只好与管家娘子白兰金素太太进行了好几次私密的长谈。再由管家娘子把一些消息透露给上房女佣人。上房女佣人估计也会和厨娘大概地讲一下，然后厨娘又会去告诉了全部做买卖的人。

（2）Plant respiration consumes oxygen and releases carbon dioxide. At the same time, plants photosynthesize during the day, using sunlight and their own substances to fix some nutrients for their own use. Some plants, including many trees, go into hibernation during the winter.

植物呼吸作用会消耗氧气并且释放出二氧化碳。与此同时植物在白天会进行光合作用，通过阳光和自身的物质固定一部分营养物质供自己使用。有些植物，包括许多树木在内，在冬季会进入冬眠状态，冬眠状态下的植物的呼吸作用是最微弱的。

（3）Suddenly, the ship was spotted by sakamoto. The ship sat motionless beside the dock like a sitting target. Sakamoto couldn't wait to rush past.

突然间,那条船被坂本发现了。那条船停在码头边一动不动,就像是一个死靶子。坂本迫不及待地冲了过去。

而在汉译英的过程中,可以适当地使用"增词原则"。这一原则指的是在汉译英的过程中,可以增加一些必需的人称代词来实现前后文的照应关系。以下列句子为例。

(1)凤姐欲还问时,只听二门上传出云板,连叩四下,将凤姐惊醒。

When xifeng still want to continue to ask some, only heard the second door came knocking, knocked four times, woke her from a dream.

(2)他有一个女儿,在北京工作,已经给她打过电话了,听说(她)明天就可以从北京回来。

He has a daughter, who works in Beijing. He has called her and said his daughter could come back from Beijing tomorrow.

(3)老栓正在专心走路,(他)忽然间受到了惊吓,(他)远远地就看到一条丁字街,明明白白地横着。便退了几步,找到一家没开门的铺子,蹩进檐下,靠门不动了。

Old shuan was walking on the road when he was suddenly frightened. Seeing at-shaped street in the distance, he stepped back in fear and found a shop that was not open. He hid under the eaves and stood against the door.

二、英汉替代衔接对比

替代(substitution)指把上下文中分别出现的词语进行替换,从而达到语篇衔接流畅、意义连贯的效果。英语翻译中的替代分为三种:名词性的替代(nominal substitution)、动词性的替代(verbal substitution)以及分句性的替代(clausal substitution),汉语替代主要由指示代词和"的"字结构完成。以下列句子为例。

(1)Jane needed a new bike so she decided to buy one.(名词性替代,用 one 来代替 a new bike)

(2)Paul bought a wallet for his father as a birthday present. Interestingly, his brother gave him the same gift.(名词性替代,用 the same gift 来代替 a wallet)

（3）He never goes to the bar at night, and neither do his colleagues.（动词性替代，用 neither do 来代替 goes to bar at night）

（4）In any situation work does not include time, but power does.（动词性替代，用 does 来代替 include time）

（5）Everyone believes the American team will win the football match, including Peter, but I don't think they will.（分句性替代，替换掉的是 the American team will win the football game）

（6）A：先生，请问你们需要哪种饮料？

B：红酒还是白酒，大家商量一下得出一个统一的答案。（名词性替代，替换掉的是"饮料"）

（7）丈夫：我打算将那套老的房子租出去，而我们住在这套新房子里面，你认为怎么样？

妻子：我觉得可以，不过我们需要准备一笔钱用于新房的装修。（动词性替代兼分句性替代，被替换掉的是"将那套老的房子租出去，而我们住在这套新房子里面"）

（8）老弱妇幼完成择菜的工作，年富力强的负责把水运到厨房和端菜摆席。这样进行安排应该是合理的。（分句性替代，被替换掉的是"老弱妇幼完成择菜的工作，年富力强的负责把水运到厨房和端菜摆席"）

（9）今天又发过来了两份需要翻译的文件，你做不做？（动词性替代，被替换掉的是"翻译"）

在实际应用中可以发现，英汉语中都包含有替代词、词组、分句等可以进行替代操作的词语，但二者之间却存在着很大的差异。首先，在英语中，可以使用的替代手段明显比汉语多。例如，名词性替代，英语可以使用的词汇有 one, ones, this, the same, that 等等，而在汉语中就只有"的"字结构。其次，最重要的一点，两种语言中，替代衔接手段的使用频率具有很大的差异，其中英语明显比汉语高。而在表述同一事件时，英语常使用替代衔接的方式，而汉语常使用重复或者是省略来对上下文进行衔接。对于这种差异的清晰认识，可以为教学实践以及翻译实践带来很大的帮助。在教学过程中，适当点明英汉语在替代方面具有的差异，可以帮助学生解决英语写作时遇到的替代方面的问题。在英汉互译过程中，也可以使用英汉语在替代过程中的差异来为翻译过程提供帮助，为初学者提供可以更快地实现英汉互译的方法。

例如：I gave my daughter a new bike as a gift. My neighbor's son wants one, too.

比较这两个英文句子可以发现，第二句中用了 one 来替代第一句中的 a new bike，但是在汉语中，对于一辆新的自行车并没有一个相同的替代词，所以在翻译的过程中只好使用重复的方式进行翻译。也可以这样翻译：我送给了我的女儿一辆新自行车作为礼物。我邻居的儿子也想拥有一个（新自行车）。

通过实践的验证我们得知，对于替代衔接的手段，在英译汉的过程中可以使用重复原则，只不过是更改为使用词汇重复的手段。以下列句子为例。

（1）Tom doesn't like butter on his bread. So does his brother.

汤姆吃面包不喜欢加黄油，他的弟弟吃面包也不喜欢加黄油。（汤姆吃面包不喜欢加黄油，他的弟弟吃面包同样也不喜欢加黄油。）

（2）Kid A：My father just gave me a new set of Monkey King as a gift.

Kid B：Me too.

小孩 A：我爸爸刚送给我一套新的《孙悟空》作为礼物。

小孩 B：我也有一套。（我也是）

（3）It is more difficult to translate English into Chinese than English into French.

把英语翻译成汉语比把英语翻译成法语有难度。

（4）Mary can speak Chinese and speak it fluently.

玛丽可以讲中文，并且可以讲得很流利。

（5）My grandmother never eats beef, and neither does my mother.

我外婆从来都不吃牛肉，我妈妈也从来不吃 / 我妈妈也是。

（6）The factories that are known to produce missile and submarine parts are camouflaged. Missile launches and test sites throughout the Soviet union were camouflaged.

对于人们已知的生产导弹以及潜艇部件的工厂，都采取了伪装。苏联全国范围内的导弹发射以及实验基地，都进行了伪装。

三、英汉省略衔接对比

使用省略（ellipsis）衔接手段可以在很大的程度上避免重复，使得语言更加简练，使得新信息得到突出，使上下文之间的衔接更加紧密。从句子的组成成分来看，英汉语中可以被省略掉的部分有主语、谓语以及宾语等，有时候也可以省略掉主语谓语或者谓语宾语。从语言单位看，省略掉的部分可以是词、词组或者是分句。以下列句子为例。

（1）It was obvious that dick was very angry and（he）left the room at once.（作为主语的代词 he 被省略掉）

（2）Reading makes a full poet, conference（makes）a ready man, and writing an exact man.（谓语动词 makes 被省略掉）

（3）A：What does she mean by that?

B：I'm not sure.（分句 What does she mean by that? 被省略掉）

（4）他迟疑了一阵，（他）打开了另外一床棉被，（他）之后在床的边上坐了下来，（他）身体向下后把鞋子脱掉。（将主语"他"进行省略）

（5）这个小孩儿，就在刚才吃下了两个苹果，这时候又在吃（苹果）。（对宾语"苹果"进行省略）

整体来讲，英语中对主语进行省略次数是比不上汉语中对主语进行省略的次数的，但是对谓语动词进行省略的状况是比汉语多的。对于这一方面的不同，在把英语翻译成汉语的时候，就需要把文章中原先省略掉的谓语进行一个补充，而对于主语就需要进行一个删减。当然在把汉语翻译成英语的时候，就需要把原先缺失的主语进行一个补充。以下列句子为例。

（1）He's handsome and witty, and he's a great dancer, and he's good at shooting, and he's good at tennis. No party can be without him. He is generous with flowers and expensive chocolates, and even if the number of treats is not very many, it is fun.

他帅气并且机智，而且是一个很好的舞蹈家，射击方面也是很好的，网球他也很擅长。任何派对都不能没有他。对于鲜花和昂贵的巧克力他从来不吝啬，虽然请客次数并不是很多，但是请起来也是非常有趣的。

（2）Ball games are good for the testes, shooting games are good for the lungs, walking is good for the gut, riding is good for the mind, and so on.

球类运动对睾丸来说是很有益的，射击类的运动对肺部是非常有用的，经常漫步对肠道是非常有利的，学习马术对我们的头脑是非常有利的，等等。

（3）We will not be discouraged, we have never been discouraged, and we will not be discouraged in the days to come.

我们不会气馁，我们也从未气馁过，以后的日子里也不会气馁。

（4）在那个时候，偶尔会过来的是一个很好的朋友金心异，（他）把用手拿的皮包放在了已经破损的桌子上面，把很长的衣衫也脱了下来，在我的对面坐了下来。

At that time, occasionally a very good friend, Jin Xinyi, came by. (he) put the bag he was carrying on the broken table, took off his long coat, and sat down opposite me.

（5）我不是研究天文的学者，（我）也不是这里面的任何一个派系。

I am not a scholar of astronomy, and I am not one of these factions.

（6）我走进去瞄了一眼，（我）只回忆起是瑞士的军人做的门警。穿着黄色的服饰，之后就没有别的了。

I went in to take a look, (I) only recalled that it was the Swiss soldiers do the door guard. In yellow and nothing else.

四、英汉照应、替代、省略衔接对比小结

照应、替代和省略这三类衔接手段在不同的语种里，被使用的次数是不一样的。前两类方式在英语中比较常用。而省略这种方式在汉语中使用的次数更多一些。这一类方式对以汉语为母语进行英语的教学以及以英语为母语进行汉语的教学有着不能忽略的用途。并且在不同的语言里这三类方式经常是互相使用的，并没有什么界限。对英语来说，同一词汇持续在文章中出现的经常会使用前两种方式来对文章进行一个衔接，但是当这种持续的状况被某些项目所分隔之后，就需要去把原来的重复的名词重新使用来对文章进行一个衔接。比如：

This thing brushed behind the house. The pig was quiet for a while, and then it had disease. He arched his back and smashed his legs in the leaves. Ralph walked away from him. Then there was a fierce roar from the exit of the sanctuary, followed by a rush and a bang of creatures. Someone tripped in the corner between Ralph and piggy, and it became a complication of growling, bumping, and fluttering limbs. Ralph fought, then he rolled over with a dozen others, striking, beating, grabbing.

在汉语里，省略是使用得非常多的衔接方式，当然，也不可以任意地去使用。

通常来讲，离原先的主语越近，就越有理由去使用省略，离得稍微远一些的，就需要利用替代来对文章进行一个衔接。如果省略的内容和主语之间的距离使所听到这句话的人或者读到这句话的人不能完完整整地回忆起以前的内容的话，就需要去利用重复的方式来对文章进行一个衔接。当然利用省略这种方式来对文章进行衔接的时候，是需要被衔接的这部分的句子在相同的语义层次上。比如：

黄镇低着身子在做哑铃操，（他）不会感受到自己肚子，他一下子冲进了洗澡房，（他）让温度适宜的水从上面流下来，（他）鼻子也噗嗤噗嗤地响着，（他）在非常快乐地呼吸。

第三节 英汉语篇段落结构对比

一、英汉段落结构对比分析

段落既是一篇文章的组成部分，又是一个相对独立的整体。由于英汉两个民族思维方式和语言表达习惯不同，英汉语在段落的结构和内容安排上都有一些差异，英语的段落结构要求有，一是每个段落集中一个内容；二是每个段落要有一个主题词概括中心思想；三是段落中的具体细节描写要和主题相符合。

请看下面的例子。

To live one's life is really like to drive on a high way. First of all, to make a good driving the driver must carefully examine the condition of his car, just as he cares for his health for a good life, once he enters into the highway, there are certain rules which he must follow for his own safety. It also can be said that he must follow certain rules of society when he lives as a decent adult. For example, on the highway he is required to keep a constant speed which can be compared with his continuous activities through his life. Neither driving nor living must be taken in too high a speed. If he drives too speedily, the policeman will give him a ticket, just as he will be arrested when he breaks the law. When he wants to change his lanes, he must give careful attention to every direction of his car. It is sometimes dangerous to change the way of life unless he can be sure of accomplishment by doing so. Finally he must confirm where he is now by recognizing some signs. If he takes the wrong way, he must go back to the right way——both on the road and in life. On the whole, driving on a highway and living one's life are both hard work, but if he is careful and serious enough, they will provide him a great deal of pleasure.

从结构上分析可知，这一段的主题句，即能够点明主旨的句子，就是第一句话，之后的语句都是为了说明主题句的例子。这种"主题句+辅助句"的段落结构，在英语说明文、议论文体裁中很常见。请再看一例。

Americans are people obsessed with child-rearing. In their books, magazines, talk shows, parent training courses, White House conferences, and chats over the back fence, they endlessly debate the best ways to raise children. Moreover, Americans do more than debate their theories; they translate them into action. They erect playgrounds for the youngsters' pleasure, equip large schools for their education, and train skilled specialists for their welfare. The whole industries in America are devoted to making children happy, healthy and wise.

在上面的段落中，作者在开头点出主题"美国人非常注重孩子的教养"。首先用例子描述人们在理论上的重视，其次介绍他们的实际行动，最后指出整个美国工业都可以说是为孩子服务的。段落关系清楚，流动自然，是典型的英美人直线思维的模式。

汉语的段落也有类似的结构。以下面这段话为例。

（1）有趣的是，相貌平平的人可能比漂亮的人有更多的机会获得美满的婚姻。本杰明·富兰克林曾劝告过一个年轻人娶一个善于理家但长相一般的女子，因为这样的妇女会花更多的时间去考虑做一个贤妻良母。她们或许比漂亮女人更重视丰富的爱情或精神生活。因此，有眼光的男人往往喜爱一个相貌平平却十分温柔、真挚的女子，而女子往往喜爱一个长相一般但有智慧、有勇气、有事业心的男子。

此段落将论点在文章的开始提出，然后层层分析说明，使读者在一开始就能了解作者的看法和观点，抓住全文的要点。

汉语中采用的方法大多是把论点放在段落结尾的归纳式结构里，很少使用论点放在首位的这种结构模式，以下面这段话为例。

（2）在非洲，每天早晨羚羊睁开眼睛，所想的第一件事就是：我必须比跑得最快的狮子跑得更快，否则，我就会被狮子吃掉。而就在同一时刻，狮子从睡梦中醒来，首先闪现在脑海里的一个念头是：我必须能追上跑得最慢的羚羊，要不然我就会被饿死。于是，几乎是同时，羚羊和狮子一跃而起，迎着朝阳跑去。生活就是这样，不论你是狮子还是羚羊，每当太阳升起的时候，都毫不迟疑地向前奔跑。

此例中的前一部分是分析和说明，在段落的结尾处才明确地指出论点。再看一个鲁迅文章中的例子。

（3）外国用火药制造子弹御敌，中国却用它做爆竹敬神，外国用罗盘针航海，中国却用它看风水，外国用鸦片医病，中国却拿来当饭吃。同是一种东西，而中外用法之不同有如此，盖不但电气而已。（鲁迅《电的利弊》）

这是文章的最后一段。前面有四段从日本的酷刑讲到唐朝的酷刑和国民党的电刑，好像是在述说各时代的刑法。读完前四段后也不知其意。直到最后一段才隐晦地点出了文章的中心：国民党政府不是用现代技术造福人民，而是用来镇压人民。

多数的汉语文章和段落都倾向于篇末点题，以期引人深思回味。国内外一些语言学家早就注意到了这种差异，他们在分析英汉段落、语篇展开模式时发现，英语论说文中，作者的思路是开篇直接点题，即所谓的"开门见山"，然后用论据来解释说明。而汉语段落与英语有所不同，先陈述现象、事实进行分析，最后才得出结论，表明个人的观点，有人将其称为"逐步达到高潮式"。这些语言学家得出的结论是，英语语篇的开头告诉人们辩论／谈话走向何处（where the argument / talk is going），而汉语语篇开头说明辩论／谈话从何处来或从何处说起（where the argument / talk is coming from）。这种差异在下面一个英语的例子与其汉语译文的比较中能清楚地反映出来。

（4）Three passions, simple but overwhelmingly strong, have governed my life: longing for love, the search for knowledge, and unbearable pity for the suffering of man kind.

渴望爱、寻求知识和对人类苦难的深切同情，这是支配我的生活的三种简单而无比强烈的情感。

英语原文是个十分简单地道的句子，也可自成一个完整的叙述语篇，它典型地表现了英语思维先总述再展开的这种直线形模式。其译句应算是相当忠实于原文的地道中文，但却由表达顺序的颠倒、主位与述位的部分变换，体现了大不相同的思维方式，即先分述后总结的中文螺旋式结构。例子突出显示了英汉语篇组织结构，即衔接与连贯的差异，以及内在思维逻辑的不同。

我们必须指出，英语语篇的演绎型和汉语语篇的归纳型不是绝对的，只是各自所占的比例较高。

英语语篇结构的第二个显著特点是其比较规整和固定的模式，这也是英语高度形式化在段落篇章层面的具体体现，它的一般模式，如图 4-3-1 所示。

图 4-3-1 英语语篇结构的一般模式

请看一个例段：

Recent years have been golden ones for professional athletes. Professional athletes in a number of fields are making more money than ever before. For example, in golf there have been three professional golfers who topped the one-million-dollar mark in lifetime earnings. In basketball one player recently negotiated a contract providing him with an annual income of $200,000. And within the past year, several college all-Americans signed basketball contracts which made them millionaires overnight. Today the least amount that a professional basketball player can receive annually is in excess of $13,000. Baseball's rosters contain a number of stars who receive $100,000 or more to play for a single season. Six-figure bonuses are commonplace. The same is true in football. College stars sign contracts which guarantee them financial security before they have proven themselves on the field as professionals. Well-established players receive salaries comparable to the stars in the other sports. All of the big names in the major sports profit handsomely from product endorsements, personal appearances, speaking engagements, and business opportunities made available to them. It all adds up to a highly lucrative business to those who possess the ability to participate.

这是最典型的英语段落结构，具有高度形式化的特点，作者先表达一个观点或一个道理，然后在后续内容中举例来说明和证实这个观点和道理，无例不成言，无例不成理。

二、英汉段落翻译的区别

英语对段落的定义是"a distinct portion of written or printed matter dealing with a particular idea, beginning on a new line that is usually indented"（Random House Webster's Dictionary, 1996）。英语段落与汉语段落从内容上看其本质区别就在于：英语一个段落中只能谈论一个主题（topic）或中心意义（controlling idea），换一个主题或中心就必须开始新的一段。换言之，一个英语段落中如果涉及两个或两个以上的话题，这个段落就是不规范的段落。

而汉语的段落往往是根据谈论的内容划分的。只要谈论的是相关话题，就可以构成一个段落。也就是说，汉语的一个段落可能涉及多个话题，只要各话题之间的意义相互关联，而非互不相关就行。汉语的段落不像英语段落那样，段落的话题中心具有唯一性。

因此，英译汉时也不能机械地采用段与段对译的方法，需要根据原文的内容和议题译成几个段落。

段落翻译的第二个策略就是将英语的直线形结构转换成汉语的螺旋式结构。所谓"直线形"，就是先表达出中心意思，由此展开，即英语所说的"develop"，或层层推演，或逐项分列，后面的意思都由前面的语句自然引出。所谓螺旋式，就是先分述再总结。

总体看来，英汉语篇分别呈现直线形与螺旋式的逻辑特征。这从根本上讲是中西方各自重综合与重分析的思维习惯的表现。典型表现是汉语的歇后语：小葱拌豆腐——一清二白，前句的具体形象综合于后一句的抽象概念。从语篇来看，尤其能体现直线形与螺旋式的特点。

例：The village of Marlott lay amid the northeastern undulations of the beautiful Vale of Blakemore or Blackmore aforesaid, an engirdled and secluded region, for the most part untrodden as yet by tourists or landscape-painter, though within a four hours'journey from London.

前面说过的那个美丽的布雷谷和布莱谷，是一处群山环抱、幽静偏僻的地方，虽然离伦敦不过四个钟头的路程，但是它的大部分都不曾有过旅行家和风景画家的足迹。马勒村就在它东部那块起伏地带的中间。

译文与原文在叙述上根本的区别在于：英文直截了当以主题"马勒村"为重心，由里向外扩展，直到远涉伦敦；中文则以一个已知信息为主位，先远涉伦敦，再迁回到近旁的、作为主题的"马勒村"。

第四节　英汉语篇组织

一、语篇中过程类别的分布

在语篇发展中，不同的编码者或同一编码者在不同时候，对同一语义内容的语篇概念意义潜势，可能会有差别较大甚至截然不同的过程化方式；同时，由于英汉语表达方式和表达习惯的差别，一个过程类型在另一种语言中可能会以不同的过程类型出现。为了对此有一个较为明确的认识，我们拟以马丁·路德·金（Martin Luther King）的《我有一个梦想》（I have a dream）及其汉译文为语料，作具体分析对比。这里，我们将把英汉语中同一概念语义内容的不同体现类别叫作"过程类别的错位"，以此来说明英汉语表达方式的异同，然后说明过程类别与语义的关系，以说明英汉语言在文化语用方面的差别。

（一）过程类别的切分处理

"我有一个梦"的英文原文中，投射性小句比较多，包括定谓性的和非定谓性的，因此，判断成分为一个相对独立的过程，需作必要说明，否则无法统计到英汉语各自的过程类别的数量，这也将对第三节讨论的组织方式有所准备。其中较难把握的有以下两点。

第一，就英语而言，对嵌入成分的处理，如 So we come here today to dramatize an appalling condition 这个句子，其中虽有 to 引导的不定式，但这个不定式基本上是从属于 come 的嵌入成分，表示目的，不定式是一个变形小句。同样，对于 -ing 分词短语，也单独统计。汉语没有定谓句与非定谓句之分，但同样存在完整小句与非完整小句表达形式的区别。因此，无论是作为名词词组的前置嵌入成分，还是介词短语中出现的动词，均作为相对独立的过程看待，如"今天，我高兴地同大家一起，参加这次将成为我国历史上为了争取自由而举行的最伟大的示威集会"一句中，就有"参加""成为""争取"和"举行"四个过程成分。

第二，无论英汉语，由语义内容已经泛化的动词引出的基本过程成分，或者离开后面的动词其意义就是不完整的动词，均以后一动词的特征为准，把整个动词词组处理为一个过程，如把 refuse to believe 和 seek to satisfy 看作心理过程，把 needed to blow off, continue to shake 和 let（allow）freedom ring, having his lips dripping 等看作物质过程，把 make a pledge 看作言语过程，把 have a rude awaking 看作关系过程；同样，汉语中的"让自由之声响彻……"也作物质过程处理，把两个"自由了"看作关系过程。

（二）语料中过程类别的错位情况分析和对比

下面我们列出原文和汉语译文中过程类型有差别的句子，并作简要说明。

1. 过程消失

（1）I am happy to join with you today in what will go down in history as the greatest demonstration for freedom in the history of our nation.

（2）今天，我高兴地同大家一起，参加这次将成为我国历史上为了争取自由而举行的最伟大的示威集会。

说明：（1）和（2）分别是关系过程和物质过程，前者的 I（我）是载体，happy 是属性，这一过程的属性在汉语中被处理为方式环境成分"高兴地"，原过程消失。类似转变还有下面两例。

（3）It is obvious today that America has defaulted on this promissory note insofar as her citizens of color are concerned.

（4）然而，今天美国显然对他的有色公民拖欠着这张期票。

（5）That my four little children will one day live in a nation where they will not be judged by the color of their skin but by the content of their character.

（6）我的四个小儿女将生活在一个不是以肤色，而是以品格的优劣作为评判标准的国家里。

出现在译文中的"显然"可以归入对比性方式，也可另列一项：评注性环境成分。

此外，（1）中被嵌入的过程成分（非定谓性的）to join with you 中的一部分被处理为伴随性环境成分"同大家一起"，另一部分连同后面的小品词 in 一起，被处理为一个物质过程，产生了一个基本的过程"参加"。

2. 由物质过程变成识别性内包关系过程

（1）This momentous decree came as a great beacon Light of hope to millions of Negro slaves, who had been seared in the flames of withering injustice. It came as a joyous daybreak to end the long night of their captivity.

（2）这项重要法令的颁布，对于千百万灼烤于非正义烈焰中的黑奴，犹如带来希望之光的硕大灯塔，恰似结束漫漫长夜禁锢的欢畅黎明。

（3）...for many of our white brothers, as evidenced by their presence here today, have come to realize that their destiny is tied up with our destiny. And they have come to realize that their freedom is inextricably bound to our freedom.

（4）因为许多白人兄弟已经认识到：他们的命运同我们的命运紧密相连，他们的自由同我们的自由休戚相关。他们今天来到这里参加集会就是明证。

3. 识别变成物质

下列句子与上述体现过程相反。

（1）You have been the veterans of creative suffering.

（2）你们饱经风霜，历尽苦难。

（3）This will be the day... This will be the day when all of God's children will be able to sing with new meaning.

（4）这一天一定会到来……到了这一天，上帝的所有孩子都能以新的含义高唱这首歌。

4. 物质过程变成行为过程

（1）One hundred years later, the life of the Negro is still sadly crippled by the manacles of segregation and the chains of discrimination.

（2）100年后，黑人依然悲惨地蹒跚于种族隔离和种族歧视的枷锁之下。

（3）One hundred years later, the Negro is still languished in the comers of American society...

（4）100年后，黑人依然在美国社会中向隅而泣……

只是（2）中的"蹒跚"又有些像物质过程，而（3）的languished同时带有心理过程的特征，故又可看作是从心理过程变成行为过程"泣"。

5. 识别性内包关系过程变成言语过程

（1）This note was a promise that all men... would be guaranteed the unalienable rights of life liberty, and the pursuit of happiness.

（2）这张期票承诺，保证人人……都享有不可让渡的生命权、自由权和追求幸福的权利。

6. 由归属性内包关系过程变成心理过程

（1）I am not unmindful that some of you have come here out of great trials and tribulations.

（2）我并非没有注意到，你们有些人历尽艰难困苦来到这里。

7. 由物质过程变成归属性内包关系过程

（1）Those who hope that the Negro needed to blow off steam and will now be content will have a rude awakening if the nation returns to business as usual.

（2）如果国家依然安之若素，那些希望黑人只需出出气就会心满意足的人将大失所望。

（3）...so even though we face the difficulties of today and tomorrow ...

（4）尽管今天和明天困难重重……

8. 由归属性关系（内包与环境）过程变成物质过程

（1）In the process of gaining our rightful place we must not be guilty of wrongful deeds.

（2）在我们争取合法地位的过程中，切不要错误行事导致犯罪。

（3）...knowing that we will be free one day.

（4）……我们知道，我们终有一天会获得自由。

(5) ... and if America is to be a great nation, this must become true.

(6) 如果美国要成为一个伟大的国家，这一点必须实现。

(7) Continue to work with the faith that unearthed suffering is redemptive.

(8) 继续努力吧，要相信：无辜受苦终得赎救。

9. 存在变关系

(1) We refuse to believe that there are insufficient funds in the great vaults of opportunity of this nation.

(2) 我们绝不相信这个国家巨大的机会宝库会资金不足。

10. 存在过程变成归属、言语变成物质

(1) There will be neither rest nor tranquility in America until the Negrois granted his citizenship right.

(2) 在黑人得到公民权之前，美国既不会安宁，也不会平静。

11. 物质过程变成言语过程

(1) So we have come here today to dramatize an appalling condition.

(2) 所以，我们今天来到这里，要把这骇人听闻的情况公之于众。

基本句中的 be neither rest nor tranquility，有两个名词 rest 和 tranquility，过程成分 rest 出现在 there 后，构成一个存在过程；从句中的 is granted 为言语性成分，在译文中体现为"得到"，是一个物质过程成分。

以上是所选语料中出现过程类型错位的情况。我们不排除任何两种过程之间的变换。上面的事实体现了两点。第一，这些变化绝非唯一方式：既可能有别的方式，如 1 中的（3）的开头部分可以处理为"然而，一个显而易见的事实是……"，这就从归属性内包关系变成了识别式，也可以与原文相当。第二，两种语言在将同一个语义潜势体现为一个语义单位时，的确有各自的一套行之有效的表达方式。

语言是有着基本相同的经验化方式的，尤其是在建构关于现实世界的心理图景并能够理解周围环境和内心世界所发生的一切变化时。例如，在这里分析的语料中，原文的过程类型在翻译成汉语时，除了部分因表达方式有别处理成其他形式外，大都基本相同。在大众传媒高度发达的今天以及越来越先进的将来，不少领域的共同经验因素可能会越来越多。正是基于这一点，我们才可能在离开童年甚至少年以后，在母语的环境中学习外国语——大致相同的经验世界为我们以既有的经验世界走向目的经验世界提供了基础保证。不同语言文化背景下形成的经验图式，有许多是大致相似的，这使翻译成为可能。至于两种语言的认知过程在"切割"经验世界的方式上的差异，体现了两种语言在表达习惯上的差别。可以由此推知：这不仅存在于英汉语之间，也存在于一切语言之间。

（三）过程类别与语类的关系

上面我们统计了语料中的过程类型，发现有的过程成分很典型，如物质过程，而有的很少，如行为、言语和存在过程。据此，语篇过程类型的分布是否有一定的规律？答案是肯定的。这种规律性与语篇类型（简称语类，Genre）有直接的关系。

在绝大多数语篇中，可能没有存在过程，也可能没有心理或言语过程，但物质过程总会以这种或那种方式出现，即要么直接出现在基本句中，要么出现在从句里，甚至以嵌入成分的形式出现。胡壮麟认为，人在物质世界中生存，"做"或"干"是第一性的、基本的，有了这一点才有作为人的生理特征的其他过程。这是否也能在一定程度上说明语篇组织的象似性。[①]

总之，英汉语篇中过程类型的分布比例，与语篇类型有明显的关系（但这不是一个逆命题）。例如，我们前面分析的"我有一个梦"属于演讲语类，"关于水门事件"（The Watergate Affair）过程类型的分布与前者的过程类型大致相当（仅比较英语部分）。

二、语篇的组织方式

这一部分主要探讨并比较下列几个问题。（1）主次复合句的排序问题，以便于观察英汉语的结构与发展具有的平稳与起伏的特点。（2）英语的复句有多层的趋势，而汉语的复句有一层的趋势。（3）英汉语篇中语态的体现方式。

（一）英汉语主从复句的组织对比

首先是资料。我们将继续从马丁·路德·金的《我有一个梦想》一文中复句的结构入手，对英汉语进行研究，并以此作为对比英汉语篇章结构差异的依据。

[①] 胡壮麟. 语言学教程 [M]. 北京：北京大学出版社，2015.

说复句内基本句和次要句之间是组织关系,因为我们暂时不考虑它们之间存在的结构特征(如由英语的 as long as 和汉语的"只要……就"体现的各自的结构特征)。

(1) And as we walk we must make the pledge that we shall always march ahead. We cannot turn back. There are those who ask the devotees of civil rights, "When will you be satisfied?" ① We can never be satisfied as long as the Negro is the victim of the unspeakable horrors of police brutality. ② We can never be satisfied as long as our bodies, heavy with the fatigue of travel, cannot gain lodging in the motels of the highways and the hotels of the cities. ③ We cannot be satisfied as long as the Negro's basic mobility is from a smaller ghetto to a larger one. ④ We cannot be satisfied as long as our children are stripped of their selfhood and robbed of their dignity by signs stating "For Whites Only". ⑤ We cannot be satisfied as long as a Negro in Mississippi cannot vote and a Negro in New York believes he has nothing which to vote. No, no, we are not satisfied, and we will not be satisfied until justice rolls down like waters and righteousness like a mighty stream.

(2) 当我们行动时,我们必须保证勇往直前。我们不能倒退。有人问热心民权运动的人:"你们什么时候才会感到满意?"①只要黑人依然是不堪形容的警察恐怖暴行的牺牲品,我们就决不会满意。②只要奔波劳顿疲惫的身躯被公路旁的汽车旅社和城市旅馆拒之门外,我们就决不会满意。③只要黑人的基本活动范围只限于从狭小的黑人居住区到较大的黑人居住区,我们就决不会满意。④只要我们的孩子被"仅供白人"的牌子剥夺个性,损毁尊严,我们就决不会满意。⑤只要密西西比州的黑人不能参加选举,纽约州的黑人认为他们与选举毫不相干,我们就决不会满意。不,不,我们现在不会满意,将来也不会满意,直至公正似水奔流,正义如泉喷涌。

上述语料很能说明问题。(1)中标有①到⑤数码的五个复句都是基本句在前,次要句在后,由 as long as 引导的从句就成了主句的条件。鉴于主句都是同一语义内容的小句 we cannot / can never / are not be satisfied,故语篇发展在这里呈发散型。

但汉语习惯上先提供条件,后说明该条件下可能的结果。这在此处的译文中得到了体现。如果以语篇的先后发展顺序为着眼点，译文则表现为一种集中归一模式。

通过分析我们可以作出如下基本结论：在英语的正式语体中，主、从句的分布大致相当，但从句在前、主句在后的分布比例偏高；随着语体地位的下降，主从句的分布基本平衡；在小说这样的混合性语体储类中，主句在前、从句在后成了主要规律。因此，可将英语中复句内部的分布规律描述为下面的模式。

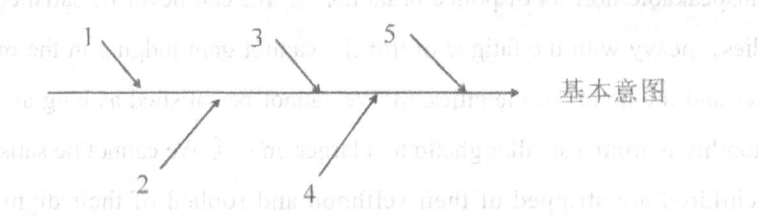

图 4-4-1 英语复句内部分布规律模式（1）

英语的情况须分两类。

首先，在正式语体中，英语的复句内部具有上述分布模式（图 4-4-1），这与汉语主从复句内部的分布规律接近；但另一方面也有下面的模式，如图 4-4-2 所示。

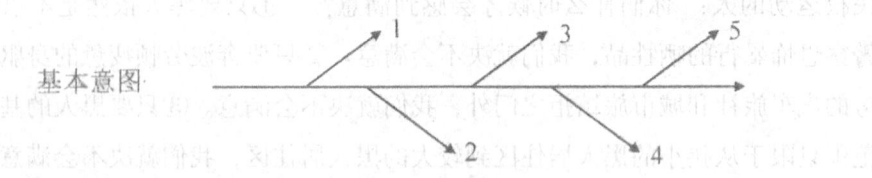

图 4-4-2 英语复句内部分布规律模式（2）

其次，在小说这一混合语类中，上述两种模式都存在，但以后者为主，因而与汉语的表达习惯基本相反。

英汉语复合句中的这些语用模式反映出哪些语言和文化的特点？首先，英语在这方面的表现方式几乎是汉语的两倍，这给了编码者以更大的自由度来促进文本的发展。英语在更正规的文体上，主次关系通常要比汉语更具灵活性。但是，汉语中同样存在着一些英语中经常使用的语序，我们是否可以据此推断出，这一现象是汉语在与西方文化的交流过程中产生的一种"异化"？不会的，因为在古代汉语里，我们可以发现相似的语序。

臣所以去亲戚而事君者，徒慕君之高义也。(《史记·廉颇蔺相如列传》)（原因）

制芰荷以为衣兮，集芙蓉以为裳。不吾知其亦已兮，苟余情其信芳。(《楚辞·离骚》)（条件）

最后，在英语的句间关系上，更接近于"平缓"：在正规篇章中，主句和从句都在前面，且二者的机会基本相等；在小说里，这一相对的缓和表现得更为明显，它的发展是建立在基本句的基础上的，用反复的基本句来不断地提供条件（第二句），并且在基本句的调子上不断地向前推进。相对来说，汉语中的复句结构和复句与其他句子之间的衔接具有较大的波动性，这类复句的编造方法大多是对"基本意图"进行临时背离，并从另一方面建立叙述的起点，从而使说话人的基本意图暂且搁置，待事由、时机、模式、条件、让步等提供之后，才重新回归"基本意图"，以此类推。

（二）英汉复句的层次关系对比

（1）But there is something that I must say to my people who stand on the warm threshold which leads into the palace of justice.

（2）但是，对于站在通向正义之官艰险门槛上的人们，有一些话我必须要说。

上面的英语实例一共有四个层次：基本小句是 there is something，第二层是嵌于该基本句中 something 的关系从句 I must say to my people，第三层是嵌于第二小句中 people 的关系从句 who stand on the warm threshold，而第四层小句是嵌于第三小句 the warm threshold 的关系从句 which leads into the palace of justice。但是，相应的汉语译文只有一个层次：我有一些话必须要说给（那些站在通向正义之官艰险门槛上的）人们听。语序的改变是由信息成分的组织造成的，"站在通向正义之官艰险门槛上的人们"在这里可作为已知信息看待，"一些话"则是一个主题成分。

我们再来看几个例子。

（1）I am happy to join with you today in what will go down in history as the greatest demonstration for freedom in the history of our nation.

（2）今天，我高兴地同大家一起，参加这次将成为我国历史上为了争取自由而举行的最伟大的示威集会。

（3）Five score years ago, a great American, in whose symbolic shadow we stand today, signed the Emancipation Proclamation.

（4）100年前，一位伟大的美国人——今天我们就站在他的雕像前——签署了《解放宣言》。

（5）When the architects of our republic wrote the magnificent words of the Constitution and the Declaration of Independence, they were signing a promissory note to which every American was to fall heir.

（6）我们共和国的缔造者在拟写宪法和独立宣言的辉煌篇章时，就签订了一张每一个美国人都能继承的期票。

（7）It is obvious today that America has defaulted on this promissory note insofar as her citizens of color are concerned.

（8）然而，今天美国显然对他的有色公民拖欠着这张期票。

（9）Instead of honoring this sacred obligation, America has given the Negro people a bad check ...

（10）美国没有承兑这笔神圣的债务，而是开给黑人一张空头支票……

（11）Those who hope that the Negro needed to blow off steam and will now be content will have a rude awakening if the nation returns to business as usual.

（12）如果国家依然安之若素，那些希望黑人只需出出气就会心满意足的人将大失所望。

（13）The marvelous new militancy which has engulfed the Negro community must not lead us to a distrust of all white people, for many of our white brothers, as evidenced by their presence here today, have come to realize that their destiny is tied up with our destiny. And they have come to realize that their freedom is inextricably bound to our freedom.

（14）席卷黑人社会的新的非凡的战斗精神，不应导致我们对所有白人的不信任——因为许多白人兄弟已经认识到：他们的命运同我们的命运紧密相连，他们的自由同我们的自由休戚相关。他们今天来到这里参加集会就是明证。

在以上汉译文部分中，有两种组合方式出现，一是以名词中心语的前置修饰成分出现，另一种是以联合小句的形式出现。这两种方式体现英语是多层次的，汉语是少层次的，这就展现了汉语表达的平面性。这种平面性一是指精简英语中的多层次，明确表达出成分之间的关系，二是指用联合的手段体现主从关系。在这一特点上，英语能够很容易地表现出多种错综复杂的层级关系，这是由于英语具有后置关系子句这一表现手法，相对而言，汉语在这方面没有英语那么灵活，在处理相似的英语复句时，很多有翻译经验的人，都会绞尽脑汁想办法把英语复句中的"立体"关系转化为"连贯"，形成一个结构简单、字数大致相同的汉语短句，因为在很多讨论实际翻译技术的文章中，都会提到"长句"（大部分是"主次"复合句）的处理。

（三）英汉语篇中的语态体现

在英汉语篇章中，语态（Voice）的分布也是既有相同的地方，也有不同之处。这种差异既表现在语言所反映出的语言形式上，又表现在语言的类型上。前面已经说过，英语中的语气，特别是被动语气，通常是有显性的，而汉语中的语气则有显性和隐性之分。下面我们试图从以上几种类型中找出英汉语篇章中所反映出的相同与不同之处。

我们仍然以（一）中的语料（1）为起点。这个段落重复地使用了"satisfy"这个动词，尽管这个动词在英语发展过程中已被赋予了形容词的属性，但是它的"satisfy"这个动词还是保留了下来。也就是说，我们仍然可以把"satisfied"看成是一个基本动词 satisfy 的一个被动式，因为经常有"to stisfy sb."这个词，所以我们可以用来研究汉语中的语句动态，而汉语则可以用一种"我们永远不会满意"的动态形式来表示，这也是一种习惯于现代汉语的语言。

通过对"我有一个梦"中其他语态不一致或不是特别显现的语句实例的分析，我们可以看出英、汉语两种语言在语态表达上的不同特征。（1）英汉语两种语言在语态表达上存在着不同：英语使用的是被动，而汉语则可以使用中间动态化或主动化。（2）英语的语气表达很清楚，而汉语却不具备这种特征，特别是汉语中的一些隐含被动式，或有些句子很难判断到底是隐含被动式，还是中间式，这说明汉语尽可能地避免用被动式表达，因为汉语中用"被""给"表示的明显被动式，常含有"受害""受省"等消极含义。

三、小结

前面的分析对比在一定程度上表明，英汉语无论在主从复句内部先后顺序的分布上、在嵌入层次上、或是语态的体现上，都存在一定甚至相当的差异。这种差异主要表现在两个方面：第一，英语复合句的结构比较灵活，从而反映了英语复合句的表达方式比较平稳，而汉语则比较曲折。第二，英语在复句层次上呈现出一种立体、层次分明的特点，而汉语在形式层次上则呈现出一种比较"平"的特点。这也从语气的具体表现中得到了印证。其实，英语强调的是形式上的衔接，而汉语，特别是长篇小说，则是对这种衔接的回避，由此产生了形合和意合之分。

这让我们再一次想到了中西方文化通过符号系统表现出来的差异。人们常说，自古以来西方文化中就有逻辑思辨和分析的传统，而中国文化则注重整体性和综合性。这和语言的表达方式有密切关系，我们从英汉语及其相关社会符号系统的特征，可以看出这一点。

中国文化的精髓就是整体观及其与此相关的中庸和协和意识，即注重整体系统及其各"次系统"的相互依赖性和协和性。这种整体性，在一定意义上指的是个别的不显著性，也就是说，为了使其顺从于整个系统的"协和"，就必然要弱化其对应的"次系统"的相对独立与个性特性，这就是中国人的"中庸"意识。中国画与西画的差异就是集中体现；而中国文化中的书法，在注重单个字的结构的同时十分看重章法布局，也是整体协和观的集中体现；在语言中，汉语主题在语段组织中表现出公因式特征，而英语则以句子为基本单位，由一个一个完整的句子组织成篇章，句子残缺不全被视作"违规"。这也体现了东西方文化的刚、柔对反特征；我们的民乐，无论是二胡、京胡和琵琶、扬琴、古筝、编钟，还是笛子、唢呐、箫，这些乐器演奏出来的，都是以旋律为主的单音音乐（monophonic），与西方音乐传统的主音音乐（homophonic）和复调音乐（polyphonic）相比（如多重轮唱曲和复调弥撒曲），风格特征泾渭分明——前者轻盈而空灵，后者厚实而丰满；我们传统建筑中高翘的飞檐和西方城堡中的圆柱形建筑群，中国拳术中的最高境界——太极、形意和八卦与西方的拳击运动，我们几千年的一统到底的封建专制政体与西方长期形成的彼此牵制的三权分离模式，我们伦理中的天地君亲师和西方从文艺复兴就开始的人本主义思想等，似无不和中国文化中的中庸柔和与西方文化的极性阳刚有关；而在语言中，汉语词汇的词性对语境的依赖性与英语词性的相对固定性、汉语复句的平面性与英语复句的立体层次性、汉语篇章中的"流水句"（也可以用逗号，一口气说个不停），和英语篇章中的一种一成不变的结构，似乎是一脉相承的。从协和的角度来看，汉语话语的以上结构特点也可以被认为是与话语整体表现的协调一致，这种情况在主语省略和句中的衔接成分上表现得尤为明显，即部分服从整体；英语在强调整体性的基础上，强调每个句子、每个段落的相对完整与独立。与之相比，这种特征的另外一种后果是，汉语的句型往往都很短，这也历来为阅读者所称道：短小者，明快也；明快者，流畅也。要明快流畅，就不推崇冗长的句式和复杂的句子结构。

第五章　英汉语用对比与教学

想要学好英语，不仅要掌握好英语的基础知识，同时也要提高英语的语用能力。本章主要从三个部分对英汉语用对比与教学展开详细的阐述，分别为英汉语用功能的对比、英汉礼貌用语对比、英汉语用失误与英语学习。

第一节　英汉语用功能的对比

在英汉人与人对话中，听这句话的人大部分是受到对话语言的影响，所以他们才能够听懂说话的人想要表达的意思。总而言之，语言运用的作用在人与人对话中发挥着至关重要的作用。人们在言语交际中说出的话语常常与语境有着密切的联系。在特定情境中，人与人对话时表述出来的某种想要达到的效果就可以称作这句话的语用功能。语句的语言运用是语用学研究的重要方面。对于语言运用功能，不能说是一个个的词或者说是说出的整段语言形成了句子意义，因为意思会随着不同的情景发生不同变化，也就是在一定情境中才能表达出它想表达出的意义。伴随着情景的改变，说出的这句话的意思也会发生改变。我们把汉语中的"吃过饭了吗？"译成英语"Have you eaten yet?"这两句英汉话语的句子意义完全可以等同起来，但是它们的话语意义却不一样。英语中，这句话语表达"邀请"或"建议"的语用功能，而汉语中却是向听话人表达"问候"的语用功能。

言语行为学理论的最根本的构成部分就是一段话逃离出句子本身而呈现出来的延伸意义，这是奥斯丁和塞尔（Austin and Searle）所表述出来的，但是话外意境往往都是根据语音语调的语法、词汇、各种副词、代词、助词、介词等等来展示出来的，按照塞尔的话说，言外之意的表示手段是以运用规则（如基本规则、管理规则、言语行为理论等）为基础的。

当我们在使用话语进行交际时，每一句话都具有特定的句子意义（sentencemeaning），但是，在不同语言环境中，同一句话，不管它是什么句型，都具有不同的话语意义（utterance meaning）。分析语用功能可以使用语音、词汇、句型、语法等不同侧重点，但是在这些不同的侧重点上它们都有属于自己独特的表达方式来展现出它们想要表达出的意思。本章主要从语调、词汇、语法、句型等方面对英语和汉语进行语用功能对比分析。

一、英汉语调的语用功能对比

语调是言语交际口头表达的重要手段之一。在言语交际中，语调在表达语用含义方面发挥着极其重要的作用。这是不可置疑的事实。在很多语言中，说话人可以利用音的长短、音的高低、节奏和停顿等方式来表示某种语用含义；而受话人则根据语调和语境来理解说话人的意思。人们所说的每个词、每个短语或每个句子被看作话语。话语都有各自的字面意义（literal meaning），同时在特定的场合中，又具有适应这个场合的语用功用，如表述、恳求、否定、提议、迁怒、质问、认同、疑惑、抚慰、傲慢、敬畏、感谢、警告、邀请等。人们在交流的时候能够使用不同语言声音来表述或者明白表述出来的语用功能。

（一）解释英语不同声调的作用分析

虽然语调夹杂着自己所想表达的侧重点，但从根源上来说，这是一系列规定好的、能够发现其特点的语音系统。英语中最常用的表述自己意愿的方式就是语调。语调组就是英语语调的最小单元，一般都是一个特定的组成句子带有的各种成分。例如句子、词语、形形色色的语句。从某种意义上来说，说话时的每一句话当中的句子、词语和形形色色的语句都是一个语调组。而对于所有的语调组都存在着"调核"（nucleus）。"调头"（head）和"调尾"（rail）分别是调核收尾的音节，但不是一定要有的音节，一定要出现的是调核中音律的高低和长短，还有位于重要位置的重读音节。

在不同的情境中用什么样的语调是我们平常交流时需要反复斟酌的问题。在系统音系学（systematic phonology）理论中，英语语调存在着三个可以选择的系统，这是英国语言学家韩礼德（Halliday）所提出来的[①]。（1）划分语调系统：找到方法把一段话按照一定的语调做好划分。（2）确定重音的位置：找到需要加强

---

① 李晓婕. 英汉对比与英语写作研究 [M]. 长春：吉林出版集团股份有限公司，2020.

语调的音节和调核的位置，并将其标出记住。(3)选择核心的语调：找到最重要的调核的语调也就是对于语调组来说处于核心位置的语调。降调（falling tone）、升调（rising tone）、降升调（fall-rise）、升降调（rise-fall）和平调（level）是英语语调中的可转变的声调，通过语气的转变来表示出自己所想要表达出的不同的意愿。同时和语调一起用来区分说话时说话人想要表达出的不同的意愿的方法是特意地重读某一个音节来强调自己所想表达意思的重音。举个例子，当家里有3个孩子时，母亲想要叫一个孩子去洗碗，那么重音如果是名字上和洗碗二字上明显不同，说话时是严厉还是温婉，表现出当时母亲的情绪也不一样。

综合分析语（synthetic analytical language）是现代英语中当表现句子之间所用语法变化时，用固定的句子形式来展现出英语变化形态的方法。声调语言（tone language）是用来表达出文字音调侧重点不同的方法，因为绝大部分汉语是形声字，而语调语言是用来表现出一个句子语调的，所以相较于现代英语，汉语不如英语那样句子的句式等都是固定不变的，要想说清楚一句话就必须掌握好语音语调的变化。

在说话时每句话都有每句话的含义，想说清楚这一句话就得在每个语调组中设置一个最想表达出的信息。重读音节是在语调组中突出整句话所要表达出的最主要意思的方法，这是韩礼德所说的。所以说非重读音节所要表达出的意思就没有那么重要了，特别是调核之后的，不是你我都知晓的就是很久之前的内容。在众多注重探究各种语调所表达各种不同含义的语言学家中，韩礼德所着重探究的是语调中所传达出来的用于交往的语言信息意思。语调的不同可以传达出不同的话语含义，在平时交流时，运用语调的转换可帮助人们明白话语所要表达的意思。在不同的情境中，说话的人所说的话即使是同一句话也会有不同的意思，所以说相较于固定所能表达出的句子含义，通过语调的转换延伸出来的句子含义就称作言外之意（illocutionary forces）。

在每一个情境中，不同的话语可表达不同的句子意思，为了达到使说话双方了解到自己所说的话的含义就需要解剖语言来达到传达正确话语含义的目的。

（二）解释汉语语调的语言运用功能

阴平（第一声）、阳平（第二声）、上声（第三声）和去声（第四声）是汉语中的四种声调频率，即"四声"，用来区分说话时不同语句含义。在本书中，着重围绕在平时交谈中语调的作用。

通过使用语序、虚词、助词和语调的方式来突出语句意思和句子之间联系的方法叫做分析语（analytical language），汉语通常就会使用这种方法。句调、重音和停顿是语调的三个重要组成部分，这与汉语语调音的长短、音的高低和停顿等息息相关。

1. 句调

句调与语调不一样，它可以通过语句中说话声调的升或降来传达句子语调的语义。

（1）升调

声调变高、尖或细来表示疑惑、设问、惊讶等情绪。以下列句子为例。

①那栋房子是他建造的？（惊讶）

②你没有感觉他今天有点反常吗？（反问）

（2）降调

声调变低，表示肯定、求助于人或叹息等，以下列句子为例。

①他这次一定能完成任务。（肯定）

②这条裙子的做工真是巧妙。（感叹）

③去帮我取个快递吧。（请求）

（3）平调

语调一直不变，表示严肃、叙述等语气。以下列句子为例。

①我们一定不会让老师同学们失望的。（严肃）

②钟声响了，现在是12点整了。（叙述）

（4）曲折调

用来表示含蓄、挖苦等语句本意之外的意思的语调，可以通过将语调先升后降或者先降后升来实现。以下列句子为例。

①你的力气真大，这么多的东西都可以搬得动啊！（讽刺）

②你现在还不走，大家都在那儿等你。（埋怨）

前面讲过，不同于英语的只能通过语调的变化来表达自己的语义，汉语还可以在语调的基础上通过语气的变化来实现。以下列句子为例。

①他今天上午没来上课。（平调）他今天上午没来上课啦。（陈述）

②他今天上午没来上课？（升调）他今天上午没来上课吗？（询问）

③他今天上午没来上课！（降调）他今天上午没来上课啊！（抱怨）

英语在这方面只有用语调来表达不同的语用功能；而汉语当中还可以运用"啦""啊""嘛""哕""呀"等语气词表达这样的语用功能。初学英语的汉语学生在用英语进行交际时，有时将汉语的这套语言运用习惯误转用在英语表达上。例如，

I want to go to school la. 我想去上学啦。

You should come here earlier ma. 你该早点来嘛。

这种错误的转用主要是因为语言使用者没有遵循两种语言不同的运用规律而造成的"张冠李戴"现象。为了避免这种错误，除了增强英语语言能力，提高听、说、读、写等基本技能的运用能力外，还要注意观察两种语言在交际中的这种差别，以便在实际交际中根据不同语境，灵活运用不同的语言形式。

2. 重音

在平常交流时，说话时特意加强语调的地方叫做重音，通常来说重音被分为两种：语法重音和逻辑重音。

（1）语法重音

一个人通过辨认出一个句子的成分并根据句子中的成分挑选出最能表示自己想要表达出的意思的成分而强调的重音就叫做语法重音，一般来说，谓语、状语、疑问代词、疑问副词等都是强调重音的最佳选择，并且还可以使用一些语气词来加强重音。

以下列句子为例。

①我不知道他做了什么！

我真不知道他做了什么！（否定词重音）

②我留过了，可她还是走了。

我的确留过了，可他还是走了。（调语重音）

③不能等，不然就迟到了。

真的不能等，不然就迟到了。（状语重音）

④她忙手忙脚，迷茫得不知所措。

她忙手忙脚，迷茫得简直不知所措。（补语重音）

⑤谁会来帮我？

究竟谁会来帮我？（疑问词重音）

⑥那就是你日思夜想的。

那确实是你日思夜想的。（指示词重音）

Do / did 等英语中可表达强调或其他意思的单词可以在平常交流时突出说话所想表达的意愿。

以下列句子为例。

① I went to school yesterday / I did went to school yesterday.

② My mother ate dinner in a restaurant / My mother ate dinner in MacDonald.

在句子①中可以通过重读"went"或"did"来强调话语意义；在②通过使用不同的词来突出这句话的重点，可看出调核重音在"restaurant"或"MacDonald"。同样的汉语中也可以通过使用此种方法。

（2）逻辑重音

为了突出强调之前已经出现过的人或事物而加强语音语调的方式。在平常交谈时，要想表达出自己想要表达的意思就需要注意逻辑重音。

以下列句子为例。

①我明白你会离开。（别的人不知道你会离开。）

②我明白你会离开。（你骗不了我。）

③我明白你会离开。（我不知道你什么时候会离开，但你在某一天必将离开。）

④我明白你会离开。（虽然我们的关系很好，但无奈之下你还是会离开？）

⑤我明白你会离开。（将要离开的人一定是你。）

想要表达出的意思不同，重音在这句话中也就会不同。在用英语来交流时，除了逻辑重音，还有一种方式就是改变语法结构。以下列句子为例。

Marry can dance. 玛丽会跳舞。

It is Peter who can dance. 是玛丽会跳舞。

It is dance that Marry can. 玛丽会做的是跳舞。

要强调谓语部分则能利用助动词或逻辑重音，以下列句子为例。

Ellen did ate the cake just now.

Ellen ate the cake just now.

二、英汉词汇的语用功能对比

在人们利用语境表达出与话语表面意义不符甚至相反的意义时，选择一定的语言表达形式不仅可以表达话语的字面意义，而且更能表达特定语境中的语用功能。在言语交际中，除了利用说话时的语音语调表达说话人的交际意图外，与此同时我们也能使用词汇的不同词组来表述。在具体的话语情景中，挑选和使用词汇能够使听这句话的人明白说这句话的人的话语之外的含义。在英语汉语若干部分相互联系、相互作用，形成语言的整体的同时，各有不同的语言使用规律。下面我们将用英汉词汇的使用规律来完成对语言运用时呈现的不同结果的解释。

（一）英汉词汇使用时呈现出来不同效果的对比

因为社会中不一样的文化，无数种语言所呈现出来的词汇系统存在着差别。因此，在英汉的词汇方面同样存在着差异。从语言所呈现出来的独特性质中发现，英语存在着大量的词语的变化方式，而英语所要表达出来的意思则能够用大量的语法结构、语言的起承转合来呈现，但是汉语使用得最多的则是词汇手段，特别是用虚词、语气词、助词等手段来表达出这句话。

1. 解释英汉谦称词语和敬称词语的不同

所谓的英汉谦称词语和敬称词语大多数用在社会指示语（social deixis）。社会指示语是通过使用特定的表达某种意思的话语，来表示话语参与者的社会地位以及他们之间的关系。社会中特定的表达某种意思的词语可以总结为两个方面。

（1）存在着一类说不清特定关联的具有某种关系的语言结构中能反映出语言使用者的社会面目和相对应社会地位的那些语法范畴。

（2）相对绝对的具有某种关系的语言结构中能反映出语言使用者和社会面目和相对应社会地位的那些语法范畴。前一种说法是指说这句话的人和所指之人、听这句话的人或者说是从侧面来听的人当中，表现出相对性的人们在共同的物质和精神活动过程中所结成的相互关系；后一种则是指说这句话的人和听这句话的人当中，表现出绝对性的人们在共同的物质和精神活动过程中所结成的相互关系。在英语中会出现词语来表示绝对性的指引。例如，Your Grace / Majesty（陛下）、My lord（阁下）、My king（吾王）、My liege（吾主）。

然而，在汉语当中有更多的词语可以表示出关系型社会指示词语。在汉语的字典里存在着一系列理解起来不是那么容易的关系型社会指示词语，也就是敬称词语和谦称词语。在人与人交流之处，运用汉语的人在说到自己和他有联系的人或事情时，很多时候都会运用谦称词语；而在说起一起交往的人和这位人有联系的人或者事情时，一般会运用敬称词语。汉语存在着很多的称呼第二人称的方式。这种运用方式中，第一个就是使用"您"以及"你"的不同。"您"为敬称词，用于称呼自己的长辈或者比自己社会地位较高的人或用于较正式的交际场合，"你"是简称词，常用于称呼自己的平辈、晚辈或比自己社会地位较低的人或用于非正式的场合。除此外，汉语中还有以下常见的谦称词语和敬称词语。

（1）谦称词语

敝处（my place）、薄面（thin surface）、下官（subordinate officer）、敝人（my friend）、拙作（my article）、寒舍（my home）、鄙人（I）、鄙意（in my opinion）。

（2）敬称词语

高见（one's brilliant opinion）、贵姓（your name）、高就（move up to a higher position）、冰翁（ice man）、夫子（master）、贤弟（younger brother）、高堂（one's parents）、贵子（your son）、高足（your pupil）、令爱（your daughter）、尊亲（your senior relatives）、令郎（your son）、尊府（your residence）、令堂（your mother）、尊驾（you）、令亲（your relatives）、尊夫人（your wife）、令尊（your father）。

这些汉语谦称和敬称词语的运用主要表示对交际对象的尊敬，避免与交际对象的分歧以求交际的顺利进行。这个语言现象符合利奇（Leech，1983）的"礼貌原则"[1]中的赞扬准则（maxim of approbation）和谦虚准则（maxim of modesty），赞扬准则规定，在表情达意时，说话人应当尽量缩小对他人的贬损和尽量夸大对他人的赞扬；谦虚准则规定，说话人应当尽量缩小对自己的赞扬和尽量夸大对自己的贬损。汉语的这套词语具有赞扬和谦虚的语用功能。

2. 英语汉语元语言否定的方法区别

元语言否定是言语社交的措辞情景。元语言否定是对之前所说的话进行否决的一类措辞方法。元语言否定并没有否决话语的根本含义，只是否决了叙述某个话语的形式。

以下列句子为例。

---

[1] 杰弗里·利奇. 语用学原则 [M]. 冉永平，译. 北京：商务印书馆，2020.

（1）She doesn't like dance; she loves it. 她不是喜欢跳舞，相反她热爱跳舞。

（2）Henry is not very tall; he's a dwarf. 亨利不是很高，他是个矮子。

（3）I don't eat rice and eat vegetables; I eat vegetables and eat rice. 我不是吃了米饭再吃蔬菜，我是先吃蔬菜然后再吃米饭。

（4）I'm not his daughter; he's my father. 我不是他的女儿，而他是我的父亲。

英汉语言中常常分别用"not"和"不"表示否定，但是，汉语中否定词的用法在表现其语用功能方面较为独特。让我们来看下面的例句。

（1）他一个人在家，好不自在。

He is home himself, so he considers quiet relaxed.

（2）这块蛋糕相当好吃。

This cake is quiet delicious.

（3）这个小伙子好不英俊。

This young guy is very handsome.

（4）听他这么说，她差点儿没背过气去。

As she heard what he said, she was almost breathless with anger.

（5）要不是老师那么说，我差点儿没上他的当。

But for what the teacher said, I was almost fooled.

（6）她差点没说出那个地方。

She virtually speaks up the place.

这个句子里的"没有"在真实言语社交里叫非重读音节，但是这并没有否决含义，只是突出"没有"之后的句子。如果将"没有"移除，可以看出这句话的含义并未变化。这就叫做汉语言否定，但是在英语中未出现过类似叙述方式。试比较下面两个例句。

（1）I was almost killed. 我差点儿被杀死。（意思：我没死）

（2）I was almost not killed. 我差点儿没被杀死。（意思：我死了）

从语用的角度来看，第一个例句可能具有特定的语用功能，但第二个例句的会话含义违反了格莱斯（Grice，1967）"合作原则"（cooperative principle）中的质的准则（maxim of quality），而且这种说法在实际交际中很少出现。

在许多情况下汉语中的"没有"表示否决，实际上，这种非重读音节在言语社交中没有否决含义，只是表现突出。研究语言的专家把前面这种称作逻辑算子（logical operator），并把后面这种称作语言算子（metalinguistic operator），在英语里，元语言否定一般是在否决别人的措辞，此可帮助自己通过情景来判定这是逻辑否决还是元语言否定；汉语中"不""没（有）"表示逻辑否定，而"不是"常用于表示元语言否定。例如：

It's warm today. 今天很暖和。

It's not warm，it's cold. 今天不暖和，今天很冷。

It's not warm，it's hot！今天不是暖和，而是很热！

3. 英汉词汇的其他语用差异对比

汉语中有许多词汇的语用意义要比英语词汇的语用意义多。现在简要地讨论英汉词汇的这些语用差异。

（1）汉语称呼语

汉语中常用的称呼语有哥哥、姐姐、大爷、大娘、老人家、李老师、王伯伯、张师傅、赵主管、张校长等。类似的称谓通常用于表达语句的前面，作用是表达陈述者对受述者的立场和表达吸引受述者的重视。以下列句子为例。

①老人家，请您坐这儿。

②李老师，我可不可以明天交作业？

汉语中很少有把这些称呼语放在话语陈述之后的情况。但是，英语称呼语的范围要小得多，一般不用 brother，sister，teacher，worker 等词语与姓名连用表示称呼。而且，英语的称呼语通常是放在话语陈述之后，作为提醒语表示引起受话人的注意。

（2）汉语礼貌标记

汉语中的礼貌标记（politeness markers）很多，比如"请""劳驾""麻烦"等。它们都用于说话人对受话人的礼貌或尊敬，通常表示请求别人实施行为时使用。以下列句子为例。

①请将这支笔给他。

②帮我把超市里的菜拿回来一下，可以吗？

但是在某些时候英语里的"please"会不像汉语那样表示"请求"。试对照以下句子说明。

③ Would you please give me the cake?

④ Can you give me the cake, please?（要求）

句③的句型在英语里指拜托别人操作一种举动的一定话语构造，然而在④里运用"please"以后就携有指示或号令的口气了。

（二）英汉词语运用原则

在不同的社会文化环境中，由于各个语言的词汇系统不同，在词语的运用和选择方面定会有很多差异。在英语国家的文化中有许多方面与汉民族文化不尽相同。例如，在汉语里，我们普遍讲"洗了澡了吗"。这句话翻译成英语就是"Have you taken a shower yet"从字面意义来讲，这两句话的意思完全相同，但是，它们在英、汉不同的语境中却表现出各种各样的语言含义。汉语里"洗过澡了吗"是汉语中问候的言语效果。而在英语语境中"Have you eaten yet?"这个话语则表示"邀请"的语用功能。中国是礼仪之邦，汉语民族非常讲究礼俗，一向提倡"礼多人不怪"，长期受到儒家思想的熏陶，有一套完整的道德规范，直接影响到汉语词语的运用。因此，问候语、敬称词、谦称词、恭维语、称谓语等与英语相比都存在很大的差别。同时，在言语交际中，语言表达形式的选用表明说话人在特定语境中试图表达或发挥话语的语用功能。

1. 谦虚原则（Modesty Principle）

"谦虚原则"是英国著名语言学家利奇提出的"礼貌原则"（Politeness Principle）中的一个准则。这条准则常用于表达或陈述说话人的心情，其内容为尽量缩小对自己的标榜，尽量夸大对自己的批评。在讨论的话题中，汉语中类似"拙见"的例子就是遵循了上述"谦虚原则"。再如，在汉语语境中，说话人在受到赞扬时，或讲话或演讲结束时，一般都要说比较客气的话语，以表达说话人的谦虚。上面提到的外籍教师赞扬某学生的字写得好时说：Your handwriting is so beautiful.

这个学生听到这样的赞扬会很自然地用汉语习惯回答道：No, my handwriting is so bad. 这个学生的这句话确实按照汉语习惯缩小了对自己的标榜，夸大了对自己的批评，但不符合英语国家人士的语用习惯。

2. 语境原则（Principle of Context）

语境原则是解读言语交际中话语意义的重要途径之一。语境是语用学研究中极其重要的方面。语言运用很多时候是与具体的时间、具体的空间、具体的情景以及具体的人有着密切联系。按照英国语言学家威尔逊（Wilson，1994）的观点，理解话语需要回答三个主要问题。

（1）说话人打算说什么话？（2）说话人打算表达什么意义？（3）说话人对所表达和意指话题持有什么样的态度？而回答这些问题，语境发挥着关键的作用。他指出，语境不仅是指上下文或者话语产生的环境，而且还指那些用于获得所指意义的设想。这些所指意义可能来源于上下文，或来源于对说话人的观察和直接环境中发生的一切，而且他们同样来源于文化知识、常识，更广义地说是来源于听话人当时可获得的共知或特有的信息。例如：

I always treat other people's money as if it were my own.

我对待别人的钱总像对待我自己的钱一样。

这个话语的意义为以下两点：（1）他对待别人的钱很小心。（2）他很随意地对待自己的钱。如果没有语境，也就是说，如果我们不了解说话人处理钱的一贯态度，我们很难了解到说话人真实的话语意义，我们就弄不清说话人究竟是要表达什么意思。只有了解到说话人一向都很节俭这个事实，我们才能确定这个话语的具体意义。

语境是一个非常理论化的情境，各种各样把语言组织起来的因素都是语言学家在实际发生的事件中提取而来的，而这些因素从某种程度上来讲，对参加这个语境的人来说，无论是语言的表达方式、语言是否适用以及语言的表达意思都会被此框架按一定的流程所认定。按照另一种说法来说就是语言形式，涵盖了话语表达方式、句子的结构和语法，一定是全部都由使用这种语言的人操控的；但是在特定的语言情境中，使用这个语言的人在现实生活中与他人交往的能力影响了具体的语言表达方式。在与他人交往时，说话的人往往要通过特定的语言、不同的表达目的来挑选不一样的语言的社交功能变体。

3. 合作原则（Cooperative Principle）

"合作原则"（Grice，1967）是由美国语言学家格莱斯提出来的。在他的观点里，在全部的言语社交情境中，讲述者和受述者里有一些共识，这是讲述者和受述者普遍会恪守的准则。格莱斯将这个准则叫做对话的协作准则。"合作原则"能够将其划分为四条基础准则。

（1）数量准则（Quantity maxim）：说出的话尽可能包含多的信息。

（2）质量准则（Quality maxim）：发挥自己所有的能力确保自己所说话语的准确性。禁止讲自己明白是不真实的话，禁止讲不能被证明是真实存在的话。

（3）关系准则（Relation maxim）：说出的话合乎逻辑。

（4）方法准则（Manner maxim）：防止出现艰涩的词汇，防止出现词汇意思的差异，句子精简，语言逻辑清晰。

这些准则是人们在言语交际中大多遵守的几条约定俗成的规约。在社交里，我们希望讲述者所描述的事件和所谈论的主题相符，希望讲述者讲述的东西没有涵盖自己储备的知识以外的东西。然而在真实的社交里，上述原则很多时候都会被背离真实意义。上述原则被违反总是会出现会话含义。现在来谈谈违背四条准则而产生会话含义的情况。

（1）违背数量准则

某学生请他的哲学教授为他写一封推荐信，证明他在哲学方面的学习情况。这位教授写道：

Dear Sir，Mr.X's viewpoint in English is perfect and his present at this one place is quiet normal.

上述教授并没有说到这位同学在哲学里的状况，违背了数量准则而产生的会话含义是：这个学生的哲学成绩很差。

（2）违背质量准则

看看下面的对话。

A：Beirut is in Peru，isn't it?

B：And Rome is in Romania，I suppose.

B显然是故意违背了质量准则。可从B的话语中推导出其会话含义：A的话语非常荒唐。

（3）违背关系准则

有时候双方的言语交际似乎毫无关联，但是实际上，一方故意说出与话题无关的话语，听话人可从中推导出其会话含义。例如：

A：Mrs.Peg is an old bag.

B：The clothes has been very beautiful in this shop，hasn't it?

在这个对话中，双方的话题显然没有什么联系，但正由于这个无关联，听话人推导出其会话含义 B 不愿意与 A 讨论这个话题。

（4）违背方法准则

分析这一段对话。

A：Let us make them something.

B：Yes，but I am against C-A-K-E.

B 未明确讲出蛋糕，只是用不同的方法表述，直到令他们想出这句话的意思：我们不会让他们吃蛋糕的。

三、英汉语法的语用功能对比

在英语中，决定句子是否符合语法的两个方面是句法（syntax）和屈折形态（inflectional morphology）。句法是研究在某一具体的句子结构中词与词之间的组合关系；屈折形态是指词在一定句法组合中所采用的形态形式。语用功能可以通过这两种形式表现出来。而且，由于社会文化背景的不同，各种语言都有自己的句法结构来表现不同的语用功能。各种语用功能也许用类似的形态形式或句法形式展示出来，一样的语言运用作用也可能通过不同的形态形式或句法形式表现出来。汉语表达各种语气常常使用词汇手段，但英语却可以通过动词的各种形态变化来表达其语气。下面将通过对英汉语言的形态形式变化和句法结构形式的讨论来揭示英汉语法与语用功能的关系。

英汉语言中都有很多不同的句型结构。英语学习者在传统的英语语法教学中学到了：要表示陈述意义就必须用陈述句；要表示命令意义就必须使用祈使句；一般疑问句用 yes 或 no 回答；回答特殊疑问句必须根据具体细节情况进行回答。但是从语用学的角度来讲，这些结构在不同的语境中表达着不同的语用功能。

（一）各种句子语法的布局展示一样的语言运用作用

在真正的语言社交里，具体的语境决定话语的运用策略，也就是说，交际双方因为各种社交想法、说话立场、各种社会职位等会导致社交策略的改变。因此，同一个语用功能可以通过不同的句法结构表达出来。例如，英语有表示"命令"的 17 种方法。

（1）Those chairs should be got away. 那些椅子应该搬走了。

（2）You should get away chairs, Marry. 玛丽，你应该搬走这个椅子。

（3）You are responsible for chairs. 你负责搬走椅子。

（4）It's my business to ensure the chairs got away. 我的责任是保证搬走椅子。

（5）I can't watch out the chairs. 我不能看着这些椅子。

（6）I'm such illness to get away those chairs. 我身体不好，搬不了那些椅子。

（7）Somebody forget to get away those chairs. 某人没有搬椅子。

（8）I dislike ask someone to get away those chairs. 我不喜欢让别人搬走椅子。

（9）Are these chairs been got away. 这些椅子被搬走了吗？

（10）Have you been so ill that you can't get away those chairs? 你生病了么，不能搬椅子了对吧。

（11）Aren't you are responsible for getting away those chairs? 这不该是你搬椅子吗？

（12）Did I forget to ask you to get away those chairs? 难道我忘记叫你搬椅子了？

（13）Do you love sitting on a broken chair? 你喜欢坐在已经坏了的椅子上吗？

（14）Have you used over the Jie window spirit for cleaning the chairs yet? 你用"洁窗灵"擦椅子了吗？

（15）Have I get the right person for getting away the chairs? 我是否找对了搬椅子的人？

（16）Do you bear in mind that I love going around to give person orders everyday? 难道你觉得我喜欢整天向别人发号施令吗？

（17）Get away those chairs. 将那些椅子移开。

以上的例子里，存在着陈述句、祈祷句和问句。但是这些句子都被用于表达"命令"的语用功能。从以上英语句子后的汉语译文考察，我们可以看到，汉语也有相应的"命令"表达形式。各种言语在各种情景里，也许用的社交战略有着不同之处。例如，通常状况下，表述者在表述拜托其他人完成一些事情的时候，英语中一般会采取不直接语言举止。但是汉语通常采取不那么间接的语言举止。我们可以通过下列句子来对比。

英语：Would you tell me where the post-office is?

汉语：劳驾，邮局怎么走？

英语：Can you get the cake?

汉语：请将蛋糕给我。

在此讲过的英语和汉语例句中，我们了解到一般情况下这两种语言的运用规律，但由于言语交际双方的关系、各自对交际话题的态度、观点以及双方不同的社会地位等诸多原因，英、汉语言又表现出不同的语用策略。

（二）相同的句法结构表现不同的语用功能

前面讲过，传统英语教学把句法结构的功能局限在一个很小的范围之内，但是从语用学的角度上讲，在具体的言语交际中，相同的句法结构可以表达各种不同的语用功能。先看看各种句法结构表达不同语用功能的情况。

1. 陈述句

（1）The teacher is coming. 老师来了。（建议或警告）

（2）I's cold in here. 这里很冷。（请求）

（3）Boys are boys. 男孩始终是男孩。（抱怨）

（4）The door is still open. 门还开着。（命令或建议）

（5）There are many people in the house. 在这个房间里有许多人。（胁迫）

2. 一般疑问句

（1）Are you see the sugar？你看见糖了吗？（请求）

（2）Can you eat more cakes？你能多吃点儿蛋糕吗？（建议）

（3）Can you get to this place tomorrow？明天你能到这个地方来吗？

（4）Can you stop talking now？你能闭嘴吗？（威胁）

3. 特殊疑问句

（1）What are you doing？你在干什么？（威胁）

（2）What time is it now？现在几点了？（抱怨）

（3）What's the weather like today？今天天气如何？（拒绝）

（4）Why don't you turn off the lights？干吗不把灯关上？（建议）

这些仅仅是英汉句法结构的一部分，还有许多其他的句型结构，如反义疑问句、否定句等也可以根据不同的语境表达不同的语用功能。首先它们在一般情况

151

下用于表达陈述、询问、反问和否定等意义，但是在特定的语境中却具有不同的语用功能。

（三）英汉其他语法手段的语用功能对比

说话人除了运用句法结构表达语用功能以外，还可以根据不同的语境，通过其他的一些语法手段，比如时态、语态以及句尾附加语等，用于实现说话人的交际意图。从语言的特性来讲，英语具有屈折形态形式，说话人常常利用这种形式来表达语用意义，而汉语却不具备这类形式，在表达语用意义方面多半都是利用词汇手段。

1. 时态（tense）

在英语言语交际中，时态可用于表达礼貌的不同程度而不改变话语的句子意义，其目的就是说话人要把话说得更礼貌一些。例如，英语句型"can you?"通常被认为是一种表达"请求"语用功能的形式。试比较下面两个句子。

（1）Can you tell me which one is the right direction for home？你可以向我指明回家的方位告诉我去火车站吗？

（2）Could you tell me you which one is the right direction for home？你向我指明回家的方位好吗？

这两句话都有同样的句子意义，但是，句（1）不如句（2）那么委婉和客气。类似的词语，如"would""might"等都具有这种表达委婉和客气的用法。

在汉语交际中，不同语境的语体差别主要是通过一些句法手段来表达的，而且表达方式较英语更为直接。例如下面两个句子。

（1）老板，来两碗面条。

（2）请给我们来两杯咖啡。

从这两例看来，英语在这种语境场合要比汉语更强调礼貌原则。但在某些场合汉语要比英语更注重礼貌原则，比如汉语在对待上下级等关系之间时使用的敬称词语和谦称词语。

2. 虚拟语气（subjunctive mood）

在英语中，由于说话人交际意图的不同，话语中的动词需要使用不同的形式。英语中有三种语气，即陈述语气、祈使语气以及虚构的口气，虚构的语气一般在社交里来表述出自己的意愿、提议、猜忌、号令等语言运用的意义。以下列句子为例。

（1）I would not guess this if I were you.

我要是你就不会干这个。

（2）If you hadn't do me a favor, I couldn't have complete that job in a fixed period.

假若你不帮我，我也不可能按时完成这项工作。

（3）It is time that you went to bed.

你们该睡觉了。

句（1）表达说话人语气委婉地指出受话人不应该犯这个错误的"抱怨"意义；句（2）表达说话人对受话人"感激"的语用意义；句（3）也可用于父母表达孩子早该上床的"命令"意义。

在汉语中不存在同一动词的不同形式。汉语表达同一种语用含义要比英语更直接一些。从上面例句的汉译部分可以看出：汉语译文中看不出谓语部分的变化，表达这种语用含义主要还是依靠词汇手段来完成。

3. 否定（negation）

说话人在特定语境中不愿说出受话人讨厌的词汇，所以总是运用多数词汇相反的模式，就是为了要抵达婉约和谦逊的作用。英语和汉语里有很多类似的句子，来对比以下句子。

（1）她很胖。She is fat.

（2）她不瘦。She is not thin.

句（1）表达了真实情况；句（2）表达的意义并不很明确，由于这个否定词而使话语变得意义模糊，因此产生了句（2）比句（1）更加委婉和客气的效果。

4. 附加语

表达"请求"的汉语话语后面常常附加一些短语，如"好吗""行不行""行吗""可以吗""好不好"等。这些附加语的功能是用于缓和语气。英语中也有相近的附加语。以下列句子为例。

（1）Open the box, if you won't mind it.

如果你不介意的话，把盒子打开。

Get here later before hospital, if you can.

如果可以的话，在去医院之前晚一点过来。

从实际交际的情况来看，如果把上述例句的附加语去掉，这些话语的语气就没有那么缓和了，而且给人不礼貌的感觉。

汉语中的附加语与英语中的反意疑问句的基本功能有一定区别。英语的反义疑问句的基本功能是对话语的事实或观点提出疑问。

在实际的言语交际中，怎样才能推导出交际中话语的会话含义？这是一个很值得关注的问题。在英语学习中，学生往往重视句子的字面意义，认为句子就是陈述、描写的，而忽略了话语的会话含义，忽略了语言的"以言行事"的功能。当有人问道"What does this sentence mean？"（这个句子是什么意思？），这是要了解句子的字面意义；当有人问道"What do you mean by saying this sentence?"（你说这句话是什么意思？），这就是询问说这句话的用意何在。也就是说，我们要想了解话语的语用含义，首先得从说话人的用意着手。

例如：The teacher has come back. 那位老师回来了。

这句话的字面意义很简单：那位老师回来了。但是，我们还要了解说这个话语的用意：为什么老师要回来？老师回来对听话人会产生什么影响？言语行为理论认为，不管是陈述句、祈祷句和问句，在不一样的情境中通常表示出不一样的话语意思，还有推导出话语的会话含义的一个重要方面是看这个话语在特定的语境中是否违背了会话的合作原则。一般认为，人们在言语交际中通常遵循会话的合作原则，但是在实际交际中，一旦出现违背合作原则的情况，我们就可以推导出说话人说出这个话语的用意，即会话含义。就以上例句而言，其会话含义有可能如下：

（1）老师来了，我们可以开始上课了。

（2）老师来了，我们的难题可以得到解决了。

第二节 英汉礼貌用语对比

礼貌（politeness）是语言中的言语行为表现的谦虚恭敬的普遍现象。从事语用学、社会语言学和人类学的学者认为，说话一方使用"吁请""盼盼""倡议""告诫"等语言来进行行为表示的具体方式，表达和反映了交际双方的关系特征。礼貌的中心概念就是"面子（face）"问题。"面子"被认为在社会交往中发挥着非常重要的作用。它具有正面面子（positive face）及负面面子（negative face）两种含义。正面面子是说进行讲述的那一方具有旁人能够认同、赞许其形象与行为以及能够被视为同一群体的成员的愿望；后者指说话人的行为和价值尽可能少地受到强制或干扰。面子和礼貌总是与特定言语行为密切联系。而且由于文化和语言的不同，其表达方式很难把握。这主要表现在跨文化的交际中，我们可能把英语说得非常流利，但是，如果我们不能驾驭学习语言中的礼貌原则，对待别人的请求就会表现得无礼或唐突，赞誉别人也显得滑稽可笑。

一、英汉家庭称谓和社交称谓的语用对比

称呼，是人与人之间见面、交流时必然会遇到的一个问题。家族称呼是家族中人对彼此的称呼；社交称呼语是人们在社交活动中使用的一种称呼语。它在人际交往中起着举足轻重的作用。下面，我们就来看一下英语和汉语中称呼语的使用情况。

（一）英汉家庭称谓差异

在英汉两种语言的交流中，由于两种文化的差异，亲属称谓语的使用不同往往会给两种语言的交流带来很大的困难。汉语中许多称谓都是用来表示特定关系的，但是英语中并没有相应的称谓，从而影响了交流的顺畅。我们先来看看下面的英汉家庭称谓对照表（表 5-2-1）。

表 5-2-1　英汉家庭称谓对照表

汉语词	英语词	英语释义	
祖父	grandfather	paternal grandfather	
外公		maternal grandfather	
祖母	grandmother	paternal grandmother	
外婆		maternal grandmother	
伯伯	uncle	paternal uncle	father's brother	elder brother
叔叔				younger brother
姑父			husband of father's sister	
舅舅		maternal uncle	mother's brother	
姨父			husband of mother's sister	

续表

汉语词	英语词	英语释义
婶子	aunt	wife of father's younger brother
伯母		wife of father's elder brother
叔母		wife of father's younger brother
舅母		wife of mother's younger (elder) brother
姑妈		father's married sister
姨妈		mother's married sister
堂姐	cousin	elder sister on one's paternal side
堂妹		younger sister on one's paternal side
堂哥		elder brother on one's paternal side
堂弟		younger brother on one's paternal side
表哥		elder brother on one's maternal side
表弟		younger brother on one's maternal side
表姐		elder sister on one's maternal side
表妹		younger sister on one's maternal side
哥哥	brother	elder brother
弟弟		younger brother
姐姐	sister	elder sister
妹妹		younger sister

从以上的英汉对照表中，我们可以看到，与英语相比，汉语文化中，有某种血缘关系的人，也就是亲戚之间的称谓要更加全面、更加复杂、更加多变。就拿汉语中的堂亲和表亲称谓来说，汉语中的堂亲和表亲有八种，而英语中的堂亲和表亲都是"cousin"。其实，上面所说的只是一些亲属关系，还有很多其他的亲属关系，比如隔代的爷爷奶奶的兄弟姐妹，同辈亲戚的妻子和孩子，这些都是比较复杂的亲属关系，这就给英汉两种语言的交流带来了很大的障碍。这就是英汉两个民族家族称呼的第一种不同。英汉两种家族称呼的第二种不同，就是在汉语中，同辈的亲戚也要根据他们的年岁来划分称呼，比如大哥、大姐、三弟、三妹等。在英语里面，这个词非常的笼统，所以也不需要按照年纪来称呼。家中年龄相同

的男人被统称为"brother",而年龄相同的女人则被统称为"sister"。在汉语里,把比自己父亲年纪大的男性长辈叫"伯伯",把比自己父亲年纪小的男性长辈叫"叔叔",而在英语里,不管年纪的大小,对男性长辈都统一称呼为"uncle"。

(二)英汉语在社会生活中的言语交际差异

社会称呼必然受社会文化的影响。在同一个社会团体中,任何语言交流都不可避免地要面对彼此之间约定俗成的合适称呼的问题。在英汉语言的跨文化交流中,因其所处的社会文化环境的差异,人们对社会称呼的关注程度也就越来越高。

让我们从英语社会中人们对称呼的改变开始说起。在英语世界中,人们在第一次见面或第一次接触时,通常称呼对方为"Sir""Madame""Mr.x""Mrs.""Dr.x",而不是"comrade""master",如果两个人彼此熟悉了,就可以称呼对方的名字,比如"Peter""John"等等。比如一个人的名字叫 Jacob Mey,那么,在第一次见到这个人或者在正式场合被介绍的时候,我们可以叫他 Mr.Jacob Mey,等两个人熟悉了,我们就可以叫 Jacob。而在英语国家,中国人被叫"Zhang"或者"Chen",会让人觉得他们很没礼貌。事实上,这说明两个人之间的关系很熟,英语中,名字和姓氏都在前面,所以,另一个人把张、陈当成了名字。在汉语里,第一次见面或认识的时候,大家都会以"同志"或者"师傅"相称,或者以"王主任""张所长""江师傅""刘小姐""夏女士"之类称呼相称。但是当人们逐渐熟络起来,他们对对方的称谓也会发生一定改变,比如变成了"小夏""老王"等等。甚至当他们的关系到了非常好的地步时,他们对彼此的某些信息了解得比较详细,可能就直接称呼对方的小名、给对方起绰号等。而且,在汉语的社会群体中,人们已经把家庭亲属称呼扩大到社会交往中。例如,在陌生人之间按照年纪长幼,会对不同的性别及群体称呼为"爷爷""阿姨""弟弟""姐姐"等等。

(三)英汉称谓运用原则

从英汉之间家庭称谓和社会称谓的差异中,我们应该逐渐学习并掌握跨文化的交际原则,同时能够在英汉言语交际中正确地使用称谓进行交往。

称呼问题是进行交际时首先要解决的问题。无论多个人或者双方之间存在什么关系,对彼此进行较为正确合适、对方能够接受甚至喜欢的称呼很大程度上有助于为其友好关系创造一个良好的开端,也有利于对其关系进行维护。相反,如果处理不好称谓问题，进行言语交际就会很困难。我们不仅要了解和认识英汉交际中称谓的差异，更要掌握英汉交际中称谓的运用规律，以进一步提高跨文化交际的能力。

1. 英汉语称谓差别

由于社会文化的差异，在英汉两种语言交流中，称呼上必然存在着一定的差异。在英语国家的使用文化中，并没有像汉语一样"长者为尊"的观念，所以我们就不能简单地模仿汉语中称呼的用法。因为在汉语环境中，家庭中对亲属的部分称呼同样也能够适用于对社会生活中各类关系的称呼。例如，对陌生人，男性可以称呼为"爷爷""叔叔""小哥哥"等，女性可以称呼为"阿姨""小姐姐""奶奶"等等。但是，这种情况和英语环境有着截然不同的区别。它们一旦运用到英语环境中无疑就产生了错误。因此，对于汉语中常用的爷爷"Grandpa"、解放军叔叔"People's Liberation Army Uncle"、护士阿姨"Aunt Nurse"等等用法会让使用英语的国家及人们无比困惑。

2. 英语和汉语对于"老"字存在差异化认知

在汉语中，"老"字有尊敬的意思，所以在中国国内，带有"老"字的称呼是被允许的。而在英语中，一些国家是不喜欢说"老"这个字眼的，甚至很讨厌这个词，因为他们感觉这个词的含义不大好，所以我们在英汉交流中尽量避免这种情况发生。

3. 英汉职业称谓差异

英语中有一些表示职业的称呼是不能够用作称呼语的，例如 Engineer（工程师）、Teacher（教师）、Accountant（会计）是不能作为称呼语使用的，特殊情况比如 Proessor（教授）、Doctor（大夫、博士）、Captain（船长、陆军上尉、空军或海军上校）等是可以的。而在汉语中，有很多表示职业的词是可以用作称呼语的，如"汪老师""黄工（程师）""赵处（长）""田会计""王木匠"等。

4. 英汉昵称差异

英语和汉语中都有关系很亲密的人之间使用的昵称，但英语的格式和汉语有些不一样。英语中主要有以下固定格式。

（1）使用名字的第一个音节。例如，Edward-Ed，Timothy-Tim。

（2）在名字的第一个音节后加上"y"。例如，Jennifer-Jenny，Andrew-Andy。

（3）使用名字的其他部分。例如，Anthony-Tony.

在汉语中，我们常常为了表示亲切，会称呼那些较为年长的人为"爷爷""奶奶""大爷""大娘""大伯"或"老人家"，但这在英语中用作称呼是不可以的。例如，一个初到英国的留学生称呼他的房东太太为"Grandma"。房东太太回绝了他，宁愿这位留学生直呼她的名字。这种像"Uncle Worker""Aunt Nurse""PLA Uncle"等的称呼词语如果用在英语本族人当中会让人觉得不可思议、莫名其妙。所以，我们不能简单地把汉语中的称呼生搬硬套在英语中，而是要深入了解英语国家的文化对称呼词语的影响，合理地运用英语称呼词的规则，以免出现差错。

英汉称谓中的文化制约原则（Principle of Cultural Restriction）。由于各自社会环境及背景的显著差异，英语和汉语的使用在一定程度上反映了各自国家及社会的文化内涵，也受到其一定约束，特别是在对人的称呼的问题上。所以，那些母语不是英语的国家在使用英语进行社会交际时一定要了解并尊重英语国家与本国文化的差异性，从而进行正常、顺利的社会交往行为及活动。我们还要对某些特殊的称谓的适用情况进行一定的学习，从而让其符合英语应用的准则，切忌与汉语的称呼一概而论。英语语言中的家庭称谓和社会称谓没有汉语的丰富和复杂的原因是两种语言的使用国家的文化不同，就像英语使用"uncle"一个词语就能够代表和父亲同辈的所有男性长辈，而汉语中则可以根据年龄的大小分为"大伯""小叔"等多种称呼。甚至在汉语中还可以使用"王木匠""张会计""李工（程师）"等这种姓+职业的称呼，而在英语的社会称谓中就没有这种。如上所述，我们在对英语开展学习与研究时，不要仅仅停留在表面，更要深入了解、学习、体会到其映射出的国家及社会的文化背景及内涵，从而有助于我们在使用英语进行交际时不会出现违背其使用规则的行为。

二、英汉日常交际语的语用对比

英汉语是在两个不同的文化背景中成长起来的，因而在两个文化背景中，人们之间的问候、告别、感谢、请求、道歉等方面也存在着很大的差别。在日常交际中，交际语言具有多种语用功能。在不同的语言环境下，人们所遵循的语用原则也不尽相同。这一部分将从英汉两种语言的语言差异入手，来探讨英、汉语语言中的日常语用原则。

（一）英汉问候语和告别语的语用对比

英汉语言之所以不同，是因为有着不同的文化背景，而在人们的日常生活中，无论什么交际都离不开相互之间的问候，所以二者在交际的语言形式、内容上都有着相同和不同的地方。

1. 问候语

它指的是需要开展交际活动的双方在碰面时表达各自对彼此的关心的语言。每种语言及其文化中都具备一系列问候语。英语和汉语当然也会通过不同的表达方式来相互问候，从而促进人际关系。我们来找出英语和汉语中常见问候语的不同与相同（表5-2-2）。

表5-2-2 英汉常用问候语的异同

英语常用问候语	用法
How do you do？（您好！）	陌生人初次见面时使用
Hi / Hello！（喂/你好！）	熟人或朋友见面时使用
Good Morning！（早上好！）	熟人上午见面时使用
Good afternoon！（下午好！）	熟人下午见面时使用
Good evening！（晚上好！）	熟人晚上见面时使用
How are you？（你好吗？） How are things going？（一切都好吗？）	熟人或朋友见面时使用
How are you doing？（你过得好吗？） How is your wife？（你妻子好吗？）	熟人或朋友分别一段时间后使用
汉语常用问候语	用法
您好！你好！	熟人或朋友见面时使用
（你）早！早上好！	熟人或同辈朋友见面时使用
您早！	长辈或上级见面时使用
（你）吃了吗？（你）去哪里（你）干什么去？	熟人或朋友见面时使用

在进行跨文化交流时，由于问候的方式和提问的内容的差异，常常会造成交际上的失误。中国人经常用以上的话来跟人打招呼。这只是一种问候，并不代表他真的想要对方详细回复或产生行动。从语用学的观点来看，中国人的这些词在语用上起到了"问候"的作用，只是表达了对交谈者的关心。所以，对方无论从哪个方面都可以进行回复，也没有一点尴尬。但是使用"What are you doing?"（在

干什么？）"Where are you going to eat?"（你打算去哪里吃？）这种问候语来进行英语交际中的问候时，它们就不同于汉语的语言含义了。在英语国家，这些往往都会被进行含义的深入理解，从而使其认为是"倡导"或者"跟循"，从而双方共同开展某个活动及行为。他们听到这样的话后没有看到进一步的行为会觉得很古怪，有时会很不高兴。如果我们不注意英汉语言的问候习惯，上述的误会就会很容易出现。所以，这要求我们一方面要对英语的问候语开展深度理解与研究从而能够合理使用；另一方面，要能够比较清楚地分辨英语及汉语问候语的差异及不同，从而促进良好的言语交际的开展与进行。

2. 告别语

通过分析英汉两种语言中的问候语，我们可以看出英汉两种语言在问候语中的差异所导致的交流上的偏差。告别语同样可以造成两种语言在使用过程中的一种交际失误。下面我们来看一下英汉语中常见的告别语的共性和不同之处。

英语常用告别用语：

Good bye!（再见！）

It's nice meeting you. 或 It's nice to have met you.（见到你很高兴。）

See you!（再见！）So long!（再见！）

See you later / tomorrow!（一会儿再见 / 明天见！）

Please say "hello" to your family.（请替我向你的家人问好。）

I'm sorry. I have to go now.（对不起，我得走了。）

汉语常用告别语：

晚安！下次再见！恕不相送！一路平安！珍重！后会有期！

以上的几个告别语句分别有不一样的侧重点，如果只是简单地把汉语中的告别语翻译成英语，比如，"We shall meet again someday" "May a favorable wind send you safely home" "Hold dear" 等等，因为文化的不同，英语国家的人会很难接受这种形式。汉语中的离别语较英语中的离别语更详细、更繁复。究其原因，主要在于两种文化的不同。英语国家的人们在进行社交活动时所遵守的礼仪准则是：要有良好的文化修养，要有得体的举止，要有一定的绅士风度。而汉语文化，特别是远古时期，则把"礼"作为治理国家的基础，对中华人的行为模式产生了直接的影响。受此影响，中国人把"礼"作为自己的起点，把"礼"作为自己的出发点，把"礼"作为自己的考量。所以，汉语的日常语言交流受此影响并不令人感到意外。

（二）英汉致谢语和答谢语的语用对比

我们现在要讨论的是在言语交流中，英语和汉语中对人表示感谢和因为致谢而作出的反应。

1. 致谢语

在受到别人的帮助后，用来感谢他人的话语就叫做致谢语。这种语言的使用在英语和汉语中也是有区别的。以英语为母语的国家是经常把"Thank you"这种感谢语挂在嘴边，使用的范围非常广泛。不管是什么情况还是什么交际活动，他们都喜欢说"Thank you"（谢谢）"Thanks a lot"（多谢）"Thank you very much"（非常感谢）这类词语，用来表现他们的礼貌原则。而在汉语中，也有许多表示感谢的词语，相对英语来说没有那么直白，而是更加含蓄内敛，比如"有劳""承蒙关照""麻烦了"等。另外，汉语中的道谢不能像英语一样随口可用，甚至还有一些场合并不适合道谢。

（1）在汉语交际中，双方的关系越是密切，就越不需要使用感谢语，如在家庭关系中，长辈与晚辈、一方及其配偶、同辈的兄弟姐妹等等。在这样的亲密关系中，如果频繁的道谢，就说明两人之间不够亲密，有一定的隔阂。比如：丈夫需要读报纸，找不着眼镜了。妻子从卫生间里找到了丈夫的眼镜并交给了他。如果这时丈夫说声"谢谢"，妻子就会觉得莫名其妙，反而会生气；假如这是在英语国家，在这种场合说声"Thank you"是一件很自然的事情。从以上的例子中可以看出，英语国家和中国有着文化交流上的很大不同，英语国家的人们很注重礼貌原则，注重对别人的帮助表示感谢，而中国则是更看重人际交往中的亲密关系。如果经常对他人表示感谢，反而容易让人误会为其实想疏远他人，不想进入一段亲密关系中。所以人际关系越亲密就越少用致谢语。

（2）另一种情况是中国更加强调谦虚的美好品德，如果在收到夸奖或者称赞的时候，就不需要表示感谢。例如：

小王穿了一条漂亮的裙子。她的美国教师在教室门口遇到她。

美国教师：Oh, how beautiful your skirts! 啊，你的裙子好漂亮！

小王：No, no, just an ordinary one. 不，不，只是一条普通的裙子。

从小王来讲，她认为，美国教师的话是恭维她的裙子有多漂亮，回答恭维话自然应当谦虚一些；从美国教师这方来说，小王的回答让美国教师觉得裙子漂亮或不漂亮她都分不清了，简直就是怀疑其鉴赏力。实际上，美国教师遵守的是格莱斯的"合作原则"中质量的准则，即尽可能使自己所说的话是真实的。她看到小王的裙子的确漂亮才如此说。而小王遵守的却是"礼貌原则"中的自谦原则，指的是一定程度地减少对自己的夸赞，增加对自己的反思与评判。小王的说法在汉语环境中是很得体的，但在跨文化交际中却出现了交际失误。

（3）对于自己分内的事，通常不表示感谢。换句话说，如果一方在自己的职责范围内表示感谢，就显得太过客气了。比如，在网上买东西的时候，客户向销售员道谢，会让销售员感到很不自在。正常来说就是推销员应该感谢客户选择了他们的产品。但随着社会的日益开放，国外的开放之风也被引进到中国，使得一种友善的社会气氛日益浓郁。中国人已经开始用感谢的话来表达自己的感激之情，哪怕是在工作上也不例外。

2. 答谢语

英语与汉语一样，在交流时也有表达感谢的致谢词，一般是在对方表达感谢后这样回答。

（1）Don't mind it. 不用在意。

（2）As easy as a pie. 小事一桩。

（3）I'm glad to do this. 很高兴做这些。

其中，英美人在使用这些答谢语时也存在一定不同。比如，美国人经常使用的是 You're welcome，而英国人经常使用的是 It's my pleasure. 此外，汉语常常有下面几种回答语。

（1）小事一桩。

（2）不麻烦。应该的。

（3）很高兴能帮到你。不足挂齿。

据上文所说，在汉语环境中，当讲述的那一方被表扬时，常常代表了"谦虚"的意思，这是符合礼貌原则中的谦虚准则的。但是，正因为汉语中这个谦虚，与英语国家人恪守合作原则的质的准则的冲突，从而造成了英语和汉语交往活动中某些表达谢意的行为的错误发生。比如，某个活动中突然增加了一位专家来进行其相关成果的讲述，他在开始和结尾时都说：

I'm sorry that I have disturbed you.

对不起，我打扰到大家了。

在汉语中，我们在做一次报告时，总是要用几句谦逊的话来表达自己的谦逊。这是汉语中的一种礼貌用语，很自然，也很正常。言者借此表达"谦虚"之语的功用。但在英语中，很少有人能很好地理解这一点。他们只会根据他们所遵守的相关原则来考虑问题：难道是因为专家们觉得他们听不懂他在讲什么，才让他感到不安吗？这位发话的人，明知道会打搅到他们，又何必来打搅他们？

换言之，专家如果觉得打扰到参与者了，那怎么还来进行讲述呢？在这种情况下，英语国家的人一般都明确地向参与者致谢，说句"Thank you"或者其他相近的谢语，如"I'm glad to you like my talk"等。除此之外，英语的答谢表达更加直白，但这就不太符合汉语含蓄内收的表达方式了。比如说像"不足挂齿"，它的英语翻译为：Not worth mentioning. 运用英语国家的语言规则来解释，就成了"不值得被提到"。因此，他们会感到十分奇怪与不自然。这就体现了英语与汉语言用法及含义的显著差异。上文还说到，在汉语中，工作范围内的事情不需要表达谢意。因此，讲述的那一方想借此说："这是我应该做的，不用客气。"真实情况是汉语中的这种表达体现了表达谢意的那一方的尊重与礼貌。

有很多想学习英语的人，会想通过和英语国家的人交流来进行英语学习，但他们又不太了解情况，就会出现第一次见面提出以下几种问题情况。

（1）Where are you from?

（2）How old are you?

（3）Are you married?

（4）How many children do you have?

（5）How is your income status?

（6）Which brand is your mobile phone?

（7）What did you buy?

使用英语进行交流的国家的人们在沟通时，都会尽力避免出现这种涉及隐私的问题，这是因为他们很重视保护自己的隐私权。但在中国，因为文化的不同，就会提出这些问题,目的是跟对方打招呼,或者表示关切。英语国家的人对这类问题的回答和中国人的回答不一样,他们把这类问题看作是"询问"。这一矛盾很大程度上是由两种文化的差异造成的。所以,要想解决这一问题,就必须在我们学习英语的同时,逐渐地对英语民族的社会文化有一定的认识,这样才能使我们在进行英语交流时,尽可能地减少或避免交流中可能出现的错误。

隐私回避原则(Principle of Privacy Avoiding)。中国人经常使用上述问题来表示打招呼。然而,当我们和英语民族的人进行交流时,一些词语却不能直接使用,因为那样做会显得很失礼。所以,在这种语言交流中,要尽可能地避免提问,以保证沟通的顺利进行。所以,什么是隐私?不同的文化中,人们对此有不同的理解。对于英语民族的人们来说,这是一种侵犯隐私的行为,而对于中国民族来说,这是一种对交流对象的关注。理解这种文化差异对英汉语言通畅交流的非常重要。

第三节 英汉语用失误与英语学习

在探索和研究英语时,不能只知道如何合适使用语言用法。在真实的语言交往与人际关系中,不同的语言用法能够代表相同的语言含义。因此,在英语交流与人际交往中,如何使用多种多样形式的英语语言来进行人际交往就显得十分重要。换言之,应该清楚各种不同的语言情境中该运用哪种具体的语言形式,以此来遵循其规则,合理正确地运用。不同的文化之间使用各自的语言来开展交流与人际交往时,除了以其发音、语言的结构方式及语汇为出发点之外,更要深入对其遵循的原则、语言用法及形式的学习,有助于在言语交际中的正确、合理运用。英语和汉语在其结构和用法体系这两方面存在显著的差异性,并且它们都只遵循自身设置的规则,各自都具备一定的独特性。很多使用英语的人,特别是母语不是英语的那些人,他们或多或少都不够了解英语语言文化及其内涵,不能较为正确及合理地将其用于人际交流与交往,从而容易在对其进行使用时产生错误,进而不利于交往活动的正常开展。在言语交际中,一般都存在一种错误行为,称为语用失误(pragmatic failure)。它指的是语言表达形式不合适、没有按照语用规则来进行使用从而造成交往活动效果不佳的一种错误。它主要出现在两个方面,即语用语言及社交语用。本节拟用语用学的有关知识，从使用原则、不同性质的活动及大脑的思考方式等角度出发，来对其开展语用失误的对比及研究，并探讨语用失误与外语学习的关系。

一、英汉语言语用失误对比

使用者在使用语言进行人际交流与交往时，普遍来说，都要与具体的语言情境紧密联系起来，从而有助于其进行合适、正确的运用，以便于交际对方能够明白自己的意思。而语用失误指的是英语非母语使用者或多或少不够了解其语言文化及内涵，详细来说体现在下面几个方面。（1）使用模式不正确。（2）对完全句的适用情况不了解。（3）讲述的那一方想要阐述的意思没能被听众明白。（4）讲述方将相同的形式理解成了相同的语言用法及功能。（5）讲述方错误地添加句子成分，使交际对方不能清楚地理解其想要表达的意思等。

（一）使用模式不正确

英语和汉语由于其文化背景及内涵的显著差异，所以在不同的情境下使用模式有着极大的不同。各种语言在不同的场合存在不同的使用模式。例如，在广泛运用英语的国家中，人们点餐或者点酒时，通常不直接说，而是以一种较为委婉的方式。以下列句子为例。

（1）Could you give me one glass of orange juice?

（2）Would you offer me a beer?

但是，在汉语交际环境中不用这样的间接形式，其语气比英语更直接。

（1）给我来一杯橙汁。

（2）请给我上一杯啤酒。

在这种情况下，如果我们将英语语言替换到汉语语境中，说"你能给我一杯橙汁吗？"便不符合中国人的日常言语习惯，极不自然。反过来，如果将汉语语言替换到英语语境中，说"来杯啤酒"就会让人感受不到你的礼貌与尊重，不利于良好的人际交流。

（二）对完全句的适用情况不了解

许多英语使用者，在将其运用到人际交流与交往中时，常常会使用大量的完全句，但是他们并不清楚完全句会在特定语境中产生话语的特殊语用含义。在英语的学习过程中，老师大力推广完全句的使用，并要求学生增加其运用频率。但是，在各种场合中，它也具有不同的适用情况。很多情况下，它在很大程度上会使听众理解到可能讲述方根本不想表达的含义。以下列句子为例。

（1）Did you come to school very late this morning？今天早上你很晚才到校吗？

（2）Yes，I came to school very late this morning. 是的，今天我很晚才到校。

格莱斯的"会话含义"（conversational implicature）有关理论指出，人们通过语言来进行人际交往时经常需要遵循合作原则中的有关准则。如果他们不遵循其规则，对此原则进行违背，那么就容易使听的那一方产生错误的理解与想象，即"言外之力"（illocutionary force）。上面的例子就没有遵循其原则中质的准则（quality maxim），就是指使用的语言不能掺杂有其他不需要的信息。上面的回答就是添加了不必要的信息。因为其没有遵循合作原则，听众就很容易对其含义与内涵展开不正确的联想。所以其回答过于正式会容易造成对方误解他，产生了许多种不好的情绪。想要避免或者消除这种误会呢，就只需要简单地回答一句"Yes，I did"，如此便可。

（三）听话人误解说话人要表达的"言外之意"

言语行为理论（Speech Act Theory）提出，生活中人们用语言进行人际交往的活动中不只是使用词语、句子或其他方式来对有关事物进行描述与介绍。真实情况是，它是多种行为活动的集合体。例如，进行承诺、建议、下令、告诫、请求、要求等行为活动。我们来看看下面的例子。

（1）I'd like to know if you would mind taking something for me. 我想知道你是不是介意帮我捎个东西。

（2）I don't mind. 不介意。

实际上（1）的话语中的"言外之意"是请求（2）完成话语中的行为，即要求（2）为（1）寄一封信。听话人（2）把说话人（1）的话语误解为询问，而用"I don't mind"却不实施其言语行为。（2）最好的回答应该是去行动，真正做到其提出的行为，而不只是简单地进行表面答应。

（1）It's a nice day for a walk. 今天很适合散步。

（2）Yes, it's true. 对，确实如此。

（3）OK, let's go for a walk. 好吧，咱们散步去。

（1）的话语根据不同语境可以有不同的理解。如果把（1）的话语理解成具有"询问"的语用功能，就可以按（2）回答；如果把（1）的话语理解成"请求"的语用功能，则按（3）的形式回答，并实施其言语行为。

（四）讲述方将相同的形式理解成了相同的语言用法及功能

教师在对某种语言进行讲述时，错误地将其具备同一形式的特征理解成了其具备相同的语言用法及功能，让许多学生形成了不正确的观念。例如，下令的意思需要以祈使句的形式来表示，疑问句代表了提问的意思。但是，真实情况是，每种语言都存在各种不同的表达形式，并不只是单一地将某种意思表示和某个表达方式捆绑起来。例如，下面几个例子就都能够表达"命令"的意思。

（1）You should not do that next time.（否定句）你下次不应当那么干了。

（2）Why don't you go back to your seat?（特殊疑问句）你为什么不回到座位上去？

（3）You haven't finished your homework.（否定句）你的家庭作业还没有完成呢。

（4）Do you want to come in?（一般疑问句）你想进来吗？

（5）You might close the window.（肯定句）你该把窗户关好。

另外，英语中的"Can you..."为非直接性且较为委婉的一种语言表达形式，在使用语言开展人际交往的过程中，代表着"请求"的含义。比如下面的句子。

（6）Can you pass me the book？你能把书递给我吗？这句话的语用功能是"请求"，要求听话人完成递书给说话人的言语行为。但是，这种"can you"的语言形式在不同的语境中可表达其他的语用含义。以下列句子为例。

（7）Can you drink coffee?（建议）

（8）Can you go shopping together with me tomorrow?（询问）

（9）Can you keep quiet always?（要求）

（10）Can you get off my fucking foot?（威胁）

（11）Can you run as quickly as Sandy?（询问）

（五）讲述方错误地添加句子成分

在英语中，某些表达方式应该是用来修饰文辞的，比如夸张和比喻等方法。但是，受讲述者没有掌握它在不同的语言情境下具有不同的含义，因而不利于清楚地表达自身的意思。下面是几个典型例子。

（1）My friend is stronger than a horse. 我的朋友比马还强壮。（夸张）

（2）Jack runs as fast as a hare. 杰克跑得和兔子一样快。（比喻）

（3）Tom appears bold like a lion. 汤姆像狮子一样勇敢。（比喻）

前文所举例的语言存在修饰文辞的作用。但是，讲述者在利用语言开展人际交往活动时，在句子结尾添上"are""does""do"，使句子不再具备本来的修饰文辞的作用，从而对其进行了错误的运用，不能正确地传达自己想要表达的意思，导致了语用失误问题的产生，不利于与另一方开展良好的人际交往。

带否定的疑问句或反义疑问句在英汉语言中都很常用，看起来也很简单，但对这类问句的应答却反映出不同语言思维方式上的差异。例如：

A：Aren't you going to have breakfast，Chen Hong?

B：Yes，I am not.

C：约翰，你不去散步吗?

D：不，我不去。

A 与 B 是英语学习者之间的对话，C 与 D 则代表了汉语学习者。A 与 B 很明显没有遵循英语的有关使用规则，C 与 D 违反了汉语使用规则。此问题的产生是因为两种语言针对此类问题进行"是"与"否"的回答时，出发点和根据点存在显著差异。在英语环境中，针对此种疑问句的回答重点是阐述自己对其的意向，而不是针对对方的询问。如果说话人打算吃早饭就说"Yes，I am"，如果不打算吃就说："No, I am not"，不考虑是否与问话者的语气相承。所以英语中回答"Won't they come t school?"或"They won't come to school, will they?"时，或者是"Yes, they will"或者是"No, they won't"，而在汉语环境中对此种疑问句进行回答时，答的是讲述者提出的问题。例如，D 的肯定回答是："对/是的，我不去"；反之则答道"不，我去"。在使用英语和汉语进行人际交往时之所以会产生类似的语用失误，重点在于英语学习者按照汉语的思维习惯讲英语，而汉语学习者在回答这类疑问句时却按照英语的思维习惯讲汉语。因而在回答"你不去散步吗？"这样的问题时，就会产生上面提到的对语言存在不当运用的情况。因此，在使用英语对此类问题进行回答时，主要考虑自身的意向，从而有效减少甚至消除此类错误的出现，进而促进语言交际。

意向原则（Principle of Intention）说的是在使用英语进行人际交往的场合中，在对带否定词的疑问句或反义疑问句进行回答时，讲述者必须清楚地明确自己对其有关问题的具体意向。肯定的意向就回答"yes"；如果是否定的就回答"no"。例如：

A：Didn't you come to school yesterday？你昨天没到校吗？

B：Yes，I did. 不，我到校了。

C：No，I didn't. 是的，我没有到校。

说话人如果到校了就应按 B 回答，如果没有到校就应按 C 回答。汉语的回答"是"或"否"是说话人针对这个话语的态度，即同意这个说法就回答"是"，反之就回答"否"。

二、英汉社交语用失误对比

英语和汉语受其各自独特的社会背景及文化内涵的影响，其语用功能具有显著差异。如果对英语进行学习的使用者没有深入学习英语国家的具体环境与社会背景，就很容易在言语交际的过程中造成一些错误的发生。这些语言的错误运用主要体现在下面几个方面。（1）无法依据其有关使用规则来开展应用。（2）无法按照不同的情况与场合来合理、正确地开展应用。（3）将汉语运用的有关规则与英语一概而论，盲目使用。

（一）无法依据其有关使用规则来开展应用

在人们刚开始学习英语或者已经掌握了比较浅显的英语知识的情况下，这种对语言进行错误的运用的现象经常发生。处于这种阶段的学习者和使用者，只是理解到了英语最表层的一些知识与运用，没有深入去学习其背后的文化背景与内涵。因此，就非常容易产生许多应用上的失误。下面是一些例子。

（1）背景是一个中国学生在路上遇到他的外籍教师。为了表示问候，他说：Hi，how are you getting on?

问候语一般都是使用模式化的言语。上述话语并不是客套用语，而只是被应用在讲述方向聆听的那一方提问他手头上在进行的工作完成得怎么样了的情况下。因此，上述问候方式显然在英语国家不适合使用。

（2）语境是一名年轻人和一位老人在同一时间都需要上公交车，年轻人对老人说：You go first.

在英语国家的社会交往中，如果想要表达让对方在自己之前进去某个地方或者上车，通常情况下，说的都是"After you"。这是固定的、不能轻易改变的，是受其社会文化背景长时间的发展而形成的。所以，我们要遵守其有关语言的使用规则，入乡随俗，切忌按照学习者自身日常的思维方式来进行使用。

（二）无法按照不同的情况与场合来合理、正确地开展应用

在使用语言进行人际交往的情况中，我们常常要有针对性地对不同的人、场合等等制定个性化的交际方案，并实施具体活动来促进人际交往的顺利进行。如果我们只是在意语言是否使用合适得体而没有结合具体情况及场合，也会很容易造成语言运用中出现许多错误。比如下面的例子。

（1）语境是一个初来乍到的中国姑娘参加迎新活动需要去买一件漂亮的裙子。她对售货员说：Excuse me, could you show me a long beautiful dress for evening party？不好意思，请问你能给我看看有什么适合晚会的长裙吗？

上面的话语的确在我们看来，体现了那位女生优秀的品德素质。然而，在上述情况中，不要忽略了中国姑娘和售货员是顾客和服务人员的关系。顾客这样礼貌地向售货员表达自己的需要，在这种关系中是不符合两者的地位的，所以就出现了错误地运用语言进行人际交往的问题。对于这种情况，消费者只用简单地说一句"Evening dress, please"就足够了。

（2）情景是一位公司雇员想抽烟，对经理说：Mind if I smoke？介意我吸烟吗？

按照英语使用的有关规则来看，这种语言没有遵循礼貌原则，职工没有考虑到其工作地位和等级的差异。上述语言一般在双方地位平等或职位较高的人对职位较低的人所说这两种情况中才适用。因此，公司雇员违反了有关规则，没有结合具体情况来进行交际，从而出现了语用失误。

（三）将汉语的语言习惯套用于英语交际中

在学习和使用英语的过程中，中国学生经常会下意识地将汉语的一些使用规则和表达习惯带入英语中，从而导致与英语国家的人在进行言语交际时会出现语用失误的现象。以下列句子为例。

（1）表达对同事的关心时说"What are you doing?"

（2）对多年不见的朋友说"You haven't changed much!"

（3）见到拿着碗走进食堂的朋友说"Going to dinner?"

（4）到机场迎接远道而来的美国专家，说"You must be tired, I'm so sorry."

（5）和老同学重逢叙旧时说"Are you in love?"

（6）看到同学的脸色不好，说"Are you sick?"

上述话语用中文在汉语环境中使用时是非常自然的。我们习惯这种言语表达，但是，如果误将汉语的这些语言运用习惯套用在英语交际中就可能造成语用失误。上述话语的汉语意思分别如下。（1）你在干什么？（2）你没变啊。（3）去吃饭吗？（4）你辛苦了。（5）你的个人问题解决了吗？（6）你病了吗？他们的表达的言外之意分别为问好、夸赞、问好、爱护、挂念、挂念。但是一旦将这些放到英语语境下，就产生了截然不同的意思。第一个例子是汉语中的使用习惯，但是在学习英语的时候，就必须要根据其语言规则来进行运用。第二个例子在英语国家的人看来，和汉语中表示的意思恰恰相反，不仅没有让他们感受到夸赞，反而会让他们觉得你想表达他没有进步的意思。一般这时候可以说类似"You look as fine as before"这样的句子。对于例（3）、例（4），英语没有类似的表达形式。一般就说声"Hello"，或再加上几句祝愿的话"Have a nice dinner"等。例（5）涉及个人隐私，应当回避。例（6）的口气过于直接。这时可以说"You look tired, are you OK?"

美籍留学生 Peter 在晚饭后来到小张的房间。在交谈中，Peter 对小张说："T's a nice day for a walk"，小张回答说："Yes, it is"。这时，Peter 显得有些失望。这是什么原因呢？实际上，Peter 是来邀请小张晚饭后出去散步的。但是，小张却并没有明白 Peter 的意图，主要是因为小张并没有根据交际的语境来推断 Peter 的话语意义。那么，在英汉言语交际中，我们怎么来推断说话人的交际意图呢？

"以言行事"是英国学者奥斯汀发表的言语行为理论成果中一个重要组成部

分。它指的是讲述方处于特定的场合与环境中时，依靠他所表达的一些话语产生某种行为。通常来说，这种行为包括叙述、下令、作出承诺、提出意见、遭受危险、邀请、问好等等具体活动。上述行为都是通过言语来完成的行为。说话人说出某种话语并非出于陈述或描述，而是在完成某个行为。例如：

情景是 Jack 的朋友在放学后约他出去玩。当他问妈妈时，他妈妈说：Have you finished your homework?

从句子意义看，她妈妈是在问他作业是否完成，但根据这个语境，实际他妈妈是在发出"命令"，即"你应当完成作业后才能去玩"。在不同的语境中，这个句子的话语意义就会发生改变，比如 Jack 的同学对他说这句话，其话语功能就会是"询问"。因此，学习者在利用英语开展人际交往活动时，一方面要清楚地理解对方所说话语的字面含义；另一方面，还要结合具体场合与情况来对其所说话语的"言外之力"进行推测，从而使得在不出现语用失误的基础之上顺利进行交际活动。

三、语用失误与英语学习

在中国，教师在传授英语知识给学生时，一直以来都特别强调语言形式，教学重点一般都放在成分解析、运用规则和组成结构这几方面。这种情况下，学生的英语知识和有关素材的积累确实能够得以增加，但是他们的实际运用能力相较之下却十分薄弱。经验证明，如果我们想要真正地掌握英语这门外语，在学习其理论知识的同时，更要培养将理论运用到实际中来的能力，持续提升自身的英语素养。

语用能力即在真实、具体的情况下，针对某个特定的场合，运用有关语言来展现人际交往的能力。虽然许多学生都已经掌握了一定的英语知识，英语表达能力也很优秀。然而，如果他们没有深入去学习其使用规则，没有在特定的场合及不同的情况中使用不同的话语，就很容易导致语言的错误使用，即语用失误，从而不利于同英语国家人士言语交际的顺利进行。现在来讨论在老师传授英语知识、学生进行学习的过程中怎样提高学生英语运用能力的问题。

（一）提升英语表达能力

学生学习英语的目的就是逐渐培养运用英语的综合技能，能够在跨文化言语交际中增强我们的交际能力。海姆斯（Hymes，1979）在谈到交际能力的四个方面时，指出其中一个重要方面就是语法能力（grammaticality），即一个人具有的识别语言中某个句型结构是否符合该语言的语法规则的能力。语法能力相当于乔姆斯基（Chomsky）所提出的语言能力（competence），一个人对语言的规则系统内在化的能力。具有英语的这种语言能力可以使我们在运用英语时更加符合英语的语法规则。这是我们运用英语进行言语交际的基础。如果我们要学好英语，真正掌握运用英语的交际能力，首先我们必须不断提高英语的语言能力，加强英语听、说、读、写四项基本技能的训练，逐步深入了解英语语言系统的变化规律和语法规则，在英语学习中，经常对英汉语言的语法规则进行对比分析，争取早日实现英语表达能力的提升。

（二）深入了解英语背后的社会文化背景及使用规则

上文提到，增强英语的表达与运用能力是利用其开展人际交往活动的前提条件。那么，得体地、成功地运用英语进行跨文化交际则是提高交际能力的必要条件。因此，我们的英语学习不只是语言学习，而且还要在学习英语的过程中深入了解其文化背景和使用习惯，能够较为清楚地掌握在称谓、问好、离别、吁请、表达谢意、回复谢意、表达歉意、不同意等行为及活动中的使用规则和适用情况，将这些表达形式和实际使用的语言紧密联系起来。与此同时，还要在英语和汉语对被运用到人际往来活动中的使用规则和表达形式开展比较与分析，充分认识到英汉语言多方面的差别，以便提高语用能力。

（三）将言语行为理论与英语学习紧密结合

学习者在学习英语的过程中，如果已经较为熟练地掌握了语言的表达和运用能力，那么进一步适当学习言语行为理论的基础知识，将更有利于帮助提高语用能力。

言语行为理论指的是20世纪60年代英国哲学家奥斯汀和美国语言哲学家塞尔共同发表的有关理论成果。两位专家指出，人们在运用语言开展人际往来时，不只是利用完整的语句或者其他形式来对具体事物进行叙述与描述，更重要的是实施承诺、下令、吁请、提出意见、告诫、询问等等具体活动。奥斯汀将上述存在一定的作用的语言命名为"施为话语"（performative），将叙述、描述、解释事物的语言命名为"表述话语"(constative)。此理论指出,因为叙述者存在不同用意,所以,每种话语都能够适用于言语行为的发生与执行。他还将此类由于受话语推动而执行的言语行为划分成下面几类。(1)言内行为(locutionary act):使用合适的说话强调来讲述已经明确的语言。(2)言外行为(illocutionary act):讲述者在叙述某个说出来的语言时具备的话语之外的含义。(3)言后行为(perlocutionary act):讲述方叙述完某个话语之后对听取叙述的那一方产生的某种作用。以下列句子为例。

(1)I promise that I will come to see you next week. 我答应下星期来看你。

(2)I name this ship Elizabeth. 我把这艘船命名为"伊丽莎白号"。

在特定的语境下,说话人用正确的语调说出上述话语,这是言内行为;说话人说出这些话语实际是完成或将要完成某行为,比如上面句(1)的"答应"和句(2)的"命名",这便是言外行为;听话人在听到这些言语后所作出的反应,就是言后行为。

许多语言学理论认为语言由语音语调和语言意义共同组合而成(描写语言学)。此外,还有许多理论认为语言是一个能够无止境地产生尚未显露的语句的系统(转换生成语法)等等。语言运用学说是近年来才出现和兴起的一个新兴理论成果,它主要研究在特定的场合与具体情况之中,适用于开展人际交往的话语。因此,它格外注重语言环境的关键作用,指出话语能够被推断出的其他含义伴随着语言环境的变化而变化。所以,不同于在过往的语言学研究中将重点放在语言静态研究的情况,语言运用学说更加强调对语言开展动态研究。在英语学习中,我们不仅要系统地学习语言基础知识、培养相关能力,更值得注意的是要提升将所学语言理论知识运用到实际生活中的能力,有助于我们深入了解、学习其文化背景和使用规则,减少甚至避免语用失误的产生,从而顺利地开展人际交往活动。此外,它还有利于我们未来对其进行更为深入而具体的研究与学习。

(四)避免语言形式学习的单一化

受到传统英语教学的影响,我们在英语学习中往往都孤立地分析和理解句子,而没有把句子与语境紧密地联系起来。我们所掌握的英语知识是以学到的语法知识和句型结构为基础的,按照传统的英语教学模式学到的语言形式进行言语交流。这样必然会阻碍语用能力的提高。我们不能用固定的语言形式来适应言语交际,而应该随言语环境的不同来使用不同的语言形式。我们来看看实例情景：一位学生到办公室找外籍教师Rebecca小姐，发现她不在那里，但看到另一位外教。这位学生对这位外教说：

"Excuse me, sir, is Miss Rebecca in?"

当我们想询问某人在不在时可以使用上述问句。但说话人明明看到办公室里没有要找的人时，就不能不分场合地运用同样的语言形式。实际上，还有其他语言形式适用于这样的语境，如"Can you tell me where she is?"或者"Did you happen to see her?"

1. 语言形式学习与语境相结合

以语言能力的提高为基础，一方面理解句子的意义，另一方面学习理解并能够分辨出特定语境下句子的话语意义。这说明句子意义是不会改变的，但是话语的意义会随着语境的改变而改变，比如说：

There is a policeman at the corner. 街道拐角处有一个警察。

这句话的句子意义如上所述，在任何语境中，这个意义都不会改变。但是，它的话语意义会随语境的不同而发生改变。这句话要是对一个迷路人说，它的话语意义就是"你可以去问那个警察"，其话语的语用功能是"建议"；这句话要是对一个正在行窃的贼说，它的话语意义就变成"当心！警察会把你抓起来"，其语用功能是"警告"。

2. 语言形式学习与语言功能相结合

传统英语教学模式规定，不同的语言功能要与相应的语言形式等同起来，即发出命令要用祈使句；要提问就用疑问句；一般疑问句要用yes或no回答；特殊疑问句要根据具体情况回答；等等。在实际的言语交际中并不是遵循这样的规律。请看下面的例句。

（1）Can you pass me the book? 你能把书递给我吗？（请求）

（2）Have you finished your homework? 你完成家庭作业了吗？（命令）

（3）Is this what a student should do? 这是学生应当做的吗？（抱怨）

上述例句都是疑问句，但它们在特定的语境中表达的语言功能有所不同。

3. 语言形式学习与文体相结合

我们在言语交际中有两个要求，一是要表达准确，二是要得体。得体就是要求我们在进行言语交际时,选择使用的词汇、句型结构、语音语调等都是恰当合适的,这样才能保证交际顺利进行。这种选择要根据交际对象的不同而作出改变。例如:

情景是学生写好了一篇论文,想请求导师为他批阅,说:"Perhaps you could read through this by Friday."

也许你到星期五就读完了。

学生使用这样的句型结构,其语用功能是"命令",因而造成了语用失误。实际上,学生对自己的同学可以这样说,但对老师却不适合。

4. 语言形式学习与文化习俗相结合

在英汉言语交际中,如果不了解英汉的社会文化习俗、思维方式以及观察事物的角度等差异,很容易出现人际交往中错误地运用语言的情况。此种错误在没有遵循其国家文化背景及使用规则的同时,还容易造成听者对讲述方想要表达的含义进行错误的感知与理解,因此不利于顺利推进人际交往活动。我们在英语学习中必须重视英汉语言运用的规律和差异。我们可以向英语国家人士介绍中国的文化和社会习俗,使他们理解在交际中出现的某些与他们文化和习惯不同的现象,但我们并不必强求英语国家人士都必须按中国人的习惯去改变自己的思维和表达方式。例如,当受到他人的夸赞时,国人常常会谦虚、礼貌地回答"没有,没有""你过奖了"。而英语国家人常用"Thank you(谢谢)"。再如,英语国家人士不会觉得"How is your wife?"这样的话语是冒犯别人的隐私,相反还非常高兴地接受这样的问候,但在汉语群体中没有人问别人"你妻子怎么样?"因为这样的话语让人觉得讨厌。出现这种语用失误主要是因为语言使用者只注意语言形式,而忽略了对中华民族的社会文化背景的了解。我们在进行跨文化交际时如何表达得更得体?如何准确地理解说话人的话语?这些实际上是我们提高言语交际能力的首要问题。归根到底,解决好这些问题的关键是真正处理好语境的问题。从语义学的角度来讲,话语的字面意义一般不会发生变化。传统的英语学习只是孤立地看待句子,强调句子的真实条件,把句子意义看成是静止不变的。然而如果从语言运用学说出发来进行分析,语言深度含义会随着语言环境的不同而发生改变。而且,语言学家奥斯丁认为句子有两类:施为句(performative)和表述句(constative),施为句是指那些能够以言行事的句子;表述句则是指那些具有"陈述"说明"或"描写"功能的句子。在特定的语境下，表述句同样也可以表达"以言行事"的语用功能。例如：

It's a nice day for a walk. 今天很适合散步。

这是一个表述句，有"说明"或"描写"的功能。但在特定的语境下，它的语用功能有可能是"邀请"。所以，我们在言语交际中要将话语与具体的语境联系起来，了解产生话语的环境以及说话人的意图，才能真正理解话语的语用含义。

话语意义原则（Principle of Utterance Meaning）是语用学研究的范畴。话语意义受语境制约，是以句子意义为基础的，是真实的交际环境中句子抽象意义的具体体现。也就是说，话语的具体含义会伴随语言环境的变化而变化。例如：

The weather forecast says it will clear up later!

它的句子意义如上所示，在任何语境中这个意义都不会改变。但是，它的话语意义会随语境的不同而发生改变。如果是对因为下雨不能出去玩耍而闷闷不乐的孩子说，它的具体含义就是"你可以出去玩了"，其话语的语用功能是"建议"；如果是因为家里的衣服很潮湿而觉得浑身不适的丈夫对妻子说，它的实际含义就成了"快把衣服拿出去晒"，其语用功能是"命令"。可见，话语意义在不同的语境中会发生变化。

了解了话语意义之后，我们在进行跨文化交际时不仅要分析交际中的句子意义，而更重要的是还要注意根据不同的语境去推导出话语意义，从而使言语交际顺利进行。

参考文献

[1] 田华.英汉对比与翻译[M].沈阳：辽宁大学出版社，2018.

[2] 董亚芬.大学英语语法与练习[M].上海：上海外语教育出版社，2006.

[3] 郭鸿杰，宋丹.基于语料库的英汉对比与翻译[M].上海：复旦大学出版社，2020.

[4] 范洁.多元文化碰撞下的英汉对比及翻译问题研究[M].长春：吉林大学出版社，2020.

[5] 张敏.英汉语言对比与英语教学研究[M].成都：电子科技大学出版社，2017.

[6] 金铠，田慧芳，唐希.英汉词汇模式对比研究[M].成都：西南交通大学出版社，2014.

[7] 梅明玉.英汉语言对比分析与翻译[M].杭州：浙江大学出版社，2017.

[8] 吴得禄.英汉语言对比及翻译研究[M].成都：电子科技大学出版社，2016.

[9] 武恩义.英汉语言结构对比研究[M].西安：西安交通大学出版社，2017.

[10] 仇伟.英汉乏词义构式的认知对比研究[M].上海：上海外语教育出版社，2019.

[11] 王义玲，姚丽梅.基于英汉对比理论下的英语写作能力提升策略[J].佳木斯大学社会科学学报，2023，41（01）：193-195.

[12] 杨钰垚.英汉对比视角下大学英语翻译教学的思考[J].海外英语，2021（19）：86-87.

[13] 张妮燕.英汉对比理论指导下的大学英语教学翻译探析[J].海外英语，2021（01）：241-242+245.

[14] 王芳.谈英语语音教学中英汉对比的几个方面[J].作家天地，2020（22）：16-18.

[15] 庞森.公共外语教学中的英汉对比课程[J].珠江论丛，2019（Z1）：252-258.

[16] 梁静．英汉对比在高职英语翻译教学中的应用分析 [J]．海外英语，2020（18）：60-61．

[17] 何莉．英汉对比视角下大学英语翻译教学的思考 [J]．学园，2020，13（26）：41-42．

[18] 张英慧．英汉对比在英语语法教学中的运用 [J]．牡丹江教育学院学报，2018（08）：59-60．

[19] 刘铁虹．浅谈对比语言学在大学英语教研中的作用 [J]．才智，2018（16）：28．

[20] 赵慧岩．浅谈英汉对比语言学在大学英语教学中的应用 [J]．赤子（上中旬），2016（17）：106．

[21] 秦程．英汉句法对比视角下社科文本中定语从句的翻译策略研究 [D]．南京：南京信息工程大学，2022．

[22] 辛悦．英语语境反义词的词汇语用学研究 [D]．长春：长春工业大学，2022．

[23] 黄杉．基于英汉对比的对象类介词"对""向""给""跟"的习得偏误分析 [D]．成都：四川师范大学，2022．

[24] 闫维康．英汉句法对比在大学英语写作教学中的应用研究 [D]．西安：陕西师范大学，2016．

[25] 杜静．英汉对比分析在高中英语语法（动词篇）教学中的应用 [D]．上海：华东师范大学，2010．

[26] 南二丽．英汉篇章对比在大学英语写作教学中的应用研究 [D]．杭州：浙江大学，2009．

[27] 管文燕．英汉衔接手段的对比研究及其对英语教学的启示 [D]．济南：山东大学，2009．

[28] 张亮．大学英语写作教学模式的研究 [D]．保定：华北电力大学（河北），2005．

[29] 钱莉绚．英汉对比在英语写作教学中的应用 [D]．上海：华东师范大学，2004．

[30] 张秀清．英汉词汇文化对比与大学英语词汇教学 [D]．重庆：西南师范大学，2004．